김종철 감독의 이스라엘 바로 알기 시리즈 4
이스라엘과 이란 어쩌다 원수가 되었나?

김종철 감독의
이스라엘
바로 알기 시리즈

4

이스라엘과 이란 어쩌다 원수가 되었나?

김종철 지음

Brad Books

들어가는 글

  2023년 10월 7일, 가자 지구의 무장 세력 하마스가 이스라엘을 공격한 것도, 그날 이후부터 레바논의 헤즈볼라 역시 단 하루도 빠지지 않고 이스라엘을 향해 로켓과 드론을 날린 것도, 아라비아 반도 남쪽 끝에 있는 예멘의 후티 반군이 쉼없이 이스라엘을 향해 미사일을 쏘고 드론을 날려 공격하는 것도 그 배후에 이란이 있다는 것은 이미 널리 알려진 사실이다.

  이란은 1979년 이슬람 대혁명 이후 이스라엘을 지구상에서 반드시 없애버리겠다고 공언해 왔고, 하마스나 헤즈볼라, 후티 반군 같은 대리 세력을 앞세워 이스라엘을 사방에서 공격해 왔다. 이스라엘을 향한 이들의 공격은 끊임이 없고 집요했다.

  이란이 이스라엘 앞에 직접 나서서 하지 않고 이렇게

대리 세력을 앞세우는 이유는 거리가 멀다는 지리적 한계 때문이다. 이란에서 이스라엘까지는 1500킬로미터 이상 떨어져 있다. 전투기를 이용해 날아가 폭탄을 쏟아붓는 일은 불가능하기 때문에 오직 장거리 미사일에 의존해야 한다. 이 역시 만만치 않다. 그래서 이란이 선택한 효과적인 방법은 이스라엘을 에워싸고 있는 주변 세력을 이용하는 것이다. 이란은 주변 대리 세력을 이용해 45년 동안 쉬지 않고 이스라엘을 괴롭혀 왔다.

그럴 때마다 이스라엘은 하마스와 헤즈볼라, 후티 반군을 향해 보복 공격과 선제공격으로 대응했고 그로 인해 이스라엘과 주변 중동 국가들 사이에는 늘 전쟁과 분쟁으로 얼룩져 왔다.

그래도 이스라엘은 이란을 직접 공격하거나 이란 역시 이스라엘을 직접 공격하지는 않았다. 그 이유는 두 나라 간에 직접적인 공격을 주고 받게 되면 그때는 두 나라 간의 거리가 문제가 아니라 언제든지 핵무기를 사용할 수 있을 만큼 위험하기 때문이다. 이는 곧 3차 세계 대전으로 확전될 가능성이 너무도 높다.

그런데 결국 2024년 4월 13일, 그 금기는 깨지고 말았다. 이란이 320여 발의 미사일과 드론으로 이스라엘 본토를 공격했고 며칠 뒤 4월 19일에는 이스라엘이 이란을 향해 미사일을 발사하며 보복 공격을 했기 때문이다.

이제 이스라엘과 이란, 두 나라 사이에는 서로를 공격하는데 어떠한 금기도 없고 장애물도 없는 듯하다. 이란의 공격과 이스라엘의 공격 이후 지금까지는 직접적인 충돌은 없지만, 그렇다고 모든 문제가 완벽하게 정리되거나 해결된 것은 아니다. 오히려 상대방의 여러 상황만 확인한 셈이 되었고 언제든지 기회만 된다면 또다시 대격돌할 수 있는 최고조의 긴장 상태가 이어지고 있다.

이에 따라 지구촌의 모든 나라, 모든 인류는 하루하루 이스라엘과 이란 두 나라 사이의 살벌하고 팽팽한 긴장 상황에 예민하지 않을 수 없고 예의주시 하지 않을 수 없다. 두 나라의 분위기에 따라 오일 가격이 오르락내리락하고 달러 환율이 요동치며 주가도 파도를 친다. 온 인류가 이 두 나라 때문에 단 하루도 발뻗고 편히 잘 날이 없다. 그렇다고 뚜렷한 해결 방안이 있어 보이지도 않는다.

유대 문명과 페르시아 문명 등 오랜 역사를 갖고 있는 이스라엘과 이란, 이 두 나라는 어쩌다가 오늘날 철천지 원수가 되었을까? 처음부터 그랬을까? 언제부터 왜 이렇게 된 것일까?

애당초 이스라엘과 이란은 서로 멀리 떨어져 있기 때문에 영토와 국경 문제로 충돌을 일으킨 것이 아니다. 기름을 둘러싸고 벌이는 자원 전쟁도 아니다. 화폐 전쟁은 더더욱 말이 되지 않는다. 결국 이슬람의 종말론적 신앙관을 바탕으로 한 종교 전쟁이 오늘날 이 사달을 불러온 것이다.

이 책은 고대부터 지금에 이르기까지 이스라엘과 이란 두 나라 사이에 어떤 일이 있었으며 어쩌다가 극단의 길을 걷게 되었는지에 대해 이해할 수 있도록 시간의 흐름을 따라 되짚어 보며 정리해 보았다. 책의 끝을 아름답게 장식하고 싶었지만 이는 영화에서나 가능할 법한 일이지 현실은 그렇지 못하다. 어쩌면 나의 세대에 아니, 이 세기에도 끝을 보지 못할지도 모른다. 유대인들이 기다리는 메시아가 오기 전까지는, 그리고 이슬람 시아파가 기다리는 열두 번째 이맘 마흐디가 오기 전까지는 끝이 날 일이 절대 아니기 때문이다. 그래서 더욱 참담하다.

목차

들어가는 글 4

1. 고대부터 인연이 깊은 사이   11
2. 이슬람 혁명의 배경   21
3. 전 세계에서 유일한 이슬람 공화국의 탄생   31
4. 핵 개발에 목을 매는 이란   41
5. 하산 로하니와 버락 오바마의 결탁, 핵 협상 타결   49
6. 도널드 트럼프의 등장   57
7. 이란의 반격 그리고 이스라엘의 입장   65
8. 이란을 향한 미국의 경제 제재   73
9. 충돌의 극한으로 치닫는 두 나라   79
10. 전쟁이 나면…   87
11. 이란의 거짓말 그리고 끝 모를 추락   95
12. 미국을 향한 이란의 공격   103
13. 지금 이스라엘은 사이버 전쟁 중   115
14. 이스라엘의 보복 작전   133

김종철 감독의
이스라엘
바로 알기 시리즈
4

15. 이스라엘은 언제든 이란을 공격할 수 있다　　**143**

16. 이란의 핵 과학자 암살 사건의 미스터리　　**151**

17. 이란의 친구 조 바이든의 등장　　**163**

18. 다급해진 이스라엘의 선택　　**177**

19. 이스라엘 대사관이 위험하다　　**187**

20. 이란과 가까워지는 중국, 이를 지켜보는 이스라엘　　**199**

21. 이스라엘과 이란, 전쟁은 바다에서 시작되는가?　　**213**

22. 드디어 이란의 손에 핵무기가 쥐어지는가?　　**225**

23. 일촉즉발의 상황, 초조한 이스라엘　　**241**

24. 이스라엘과 이란의 정보 전쟁　　**251**

25. 우크라이나 전쟁을 이용하는 이란　　**263**

26. 드디어 핵무기를 완성한 이란　　**273**

27. 이제 이스라엘과 이란의 전면전인가?　　**283**

1

고대부터
인연이
깊은 사이

지금은 돌이킬 수 없을 만큼 적대적 관계가 된 이스라엘과 이란은 구약과 신약성경에 기록될 정도로 고대부터 인연이 깊다. 이란의 옛 이름은 페르시아지만, 훨씬 이전에는 엘람이었다. 엘람은 모세의 아들인 셈의 다섯 아들 중 맏아들의 이름이다.

> "셈의 아들은 엘람과 앗수르와 아르박삿과 룻과 아람이요."(창 10:22)

구약성경 창세기에 등장하는 엘람은 유대 민족과는 떼려야 뗄 수 없을 만큼 인연이 깊다. 그런데 엘람은 맏아들 신분이었음에도 불구하고 무슨 이유 때문인지 더는 성경에서 그의 후손들의 이름이 거론되지 않는다. 이는 곧 엘람이 다른 형제들과 떨어져 살았다는 의미일 것이다. 엘람과 그의 후손들은 아라랏산 남동부 지금의 이란 지역에 정착하였고 그 지역을 엘람이라고 불렀다.

창세기 14장에 엘람 민족이 또다시 등장하는데 아브람 시대 때 엘람의 왕 그돌라오멜Kadorlaomer이 다른 민족 국가들과 연합하여 군사 동맹군을 결성해서 가나안 땅의 소돔과 고모라를 공격했다. 엘람 왕 그돌라오멜은 그야말로 교통수단이라고는 전무하던 그 옛날에 엘람에서 1,500킬로미터 이상 떨어진 소돔과 고모라에 쳐들어가서 인류 최초의 국제 전쟁을 일으킬 만큼 힘과 호전성이 뛰어났다. 소돔과 고모라를 공격한 이유는 12년 동안 엘람에 충성하다가 배반했다는 것이었다. 이 전쟁에서 엘람이 주도한 연합군이 크게 승리하여 소돔과 고모라의 식량과 재물을 모두 가져갈 정도로 엘람의 앞길을 가로막는 것이 없었다.

이사야서 22장 6절에 "엘람 사람은 화살통을 메었고 병거 탄 자와 마병이 함께 하였고"라고 할 정도로 활을 잘 다루는 민족으로 표현되었다. 에스겔서 32장 24절에는 "거기 엘람이 있고 그 모든 무리가 그 무덤 사방에 있음이여 그들은 다 할례를 받지 못하고 죽임을 당하여 칼에 엎드러져 지하에 내려간 자로다 그들이 생존하는 사람들의 세상에서 두렵게 하였으나 이제는 구덩이에 내려가는 자와 함께 수치를 당하였도다"라고 할 정도로 잔인하고 난폭한 족속으로 묘사되었다.

고대의 엘람은 풍부한 지하 광물과 튼튼한 나무들이 많았다. 이러한 지역적 특성을 잘 이용하여 오래전부터 상업이 발달하였고 정치적·군사적 공동체로 성장해 나가다가 메대족과 병합하여 페르시아 제국을 이룬다.

BC 586년에 유다 왕국이 바빌론의 느부갓네살왕에 의해 멸망한 후 바빌론으로 끌려가 포로 생활을 하고 있을 때도 일부 유대인들은 엘람에서 살았기 때문에 엘람인과 유대인 사이에 큰 갈등은 없었다. 오히려 페르시아 제국을 건설하고 BC 539년에 바빌론을 정복한 고레스Cyrus는 대제국의 왕답게 바빌론 사람들을 함부로 대하지 않았고 포로로 잡혀 와 있던 유대인들도 역시 함부로 대하지 않았다. 심지어 고레스가 바빌론을 정복한 뒤 제일 먼저 한 일이 포로로 잡혀 와 있던 여러 민족을 모두 풀어주는 것이었다.

유대 민족도 포로로 끌려온 지 50년 만인 BC 538년에 "바사 왕 고

고레스왕

레스가 이같이 말하노니 하늘의 신 여호와께서 세상 만국을 내게 주셨고 나에게 명령하여 유다 예루살렘에 성전을 건축하라 하셨나니 너희 중에 그의 백성 된 자는 다 올라갈지어다 너희 하나님 여호와께서 함께 하시기를 원하노라"(대하 36:23)며 이스라엘 땅으로 돌려보내기도 했다.

오늘날 적대 관계에 있는 이란의 선조 고레스가 한때는 이스라엘 민족의 구원자이자 해방자 역할을 했다. 당시 고레스는 바빌론에 살던 유대인 15만 명 가운데 1차로 4만여 명이 예루살렘으로 돌아갈 때 바빌론이 약탈한 예루살렘 성전의 기물을 가지고 돌아가서 성전을 재건할 수 있도록 허락했다. 이사야는 페르시아에 고레스가 등장하기 150년 전에 이미 "여호와께서 그의 기름 부음을 받은 고레스에게 이같이 말씀하시되 내가 그의 오른손을 붙들고 그 앞에 열국을 항복하게 하며 내가 왕들의 허리를 풀어 그 앞에 문들을 열고 성문들이 닫히지 못하게 하리라"(사 45:1), "내가 공의로 그를 일으킨지라 그의 모든 길을 곧게 하리니 그가 나의 성읍을 건축할 것이며 사로잡힌 내 백성을 값이나 갚음이 없이 놓으리라"(사 45:13)고 예언했다.

페르시아의 고레스가 아니었다면 어쩌면 이스라엘 민족은 그 이후로도 오랫동안 바빌론에서 노예로 살다가 역사 속에서 사라졌을지도 모를 일이다. 그런 면에서 이스라엘 민족에게 페르시아는 여간 고마운 민족이 아닐 수 없다.

고레스의 친유대 정책은 그가 죽은 후 유대인 왕비 에스더의 남편 아하수에로왕 당시에도 변하지 않았다. 하만의 음모로 페르시아 전역에 남아 있는 모든 유대인을 멸족시키려 할 때도 아하수에로왕은 하만과 그의 아들들을 죽이고 유대인 모르드개를 2인자의 자리에 앉히기까지 했다. 이 일을 기념하는 것이 현재 유대인들이 지키는 부림절의 유래다.

그러다 보니 현재 이란에 다니엘, 아하수에로왕의 왕비였던 유대 여인 에스더, 모르드개의 무덤이 메대Mede 왕국의 수도였던 하마단Hamedan에 있다.

페르시아의 유대인들은 예수님 당시까지도 살고 있었는데 예수님이 태어났을 때 이 소식을 듣고 제일 먼저 찾아왔던 동방박사 역시 페르시아에서 왔으며 이들은 조로아스터교를 믿는 사람들이라고 한다. 그런가 하면 사도행전 2장에 보면 오순절 마가의 다락방에 성령이 임할 때 모여 있었던 120명 중에는 엘람에서 온 유대인들도 있었다. 예수님의 열두 제자 중 한 사람인 다대오Thaddaeus의 무덤도 오늘날 이란 북부 지역인 마쿠Maku에서 남쪽으로 20킬로미터 떨어진 곳에 있다. 다대오는 예수님의 부활 승천 이후 아르메니아 남부 지역과 바로 옆에 있는 엘람 북부 지역으로 가서 복음을 전하다 순교했다고 전해진다.

하마단에 있는 에스더와 모르드개의 무덤(사진 출처-위키피디아)

그 후에도 2천여 년 동안 유대인들은 페르시아에서 살았다. 오랜 세월 동안 여러 차례 페르시아 제국의 변화가 있었지만, 유대인들은 자기들의 공동체와 종교에 특별히 위협을 가하지 않는 한 통치자가 누구든 상관하지 않았다. 이것이 유대인 공동체의 장점이자 단점이었다. 통치자에게는 신뢰를 받지만, 동시에 기회주의자라는 소리를 피할 수 없기 때문이다.

다행히 페르시아 제국에 이슬람 제국이 들어섰을 때도 초기 이슬람은 다른 종교에 비교적 관대했기 때문에 오히려 유대인들은 의학, 정치, 경제 등 다방면에서 큰 역할을 맡았을 정도였다.

14세기경 페르시아를 시아파 이슬람이 장악할 때는 유대인들의 상황이 악화되어 차별 대우를 받거나 쫓겨나기도 하고 강제 개종을 당한 적도 있다. 유대인에 대한 박해는 17세기에 들어서 더욱 심각했는데 고통을 참지 못한 유대인 중 일부는 오스만의 지배하에 있던 팔레스타인 땅으로 이주하였다.

남의 나라에서 살아야 하는 서러움과 고통을 당하면서도 꿋꿋이 버텨온 페르시아의 유대인들이 가장 활발히 활동한 시기는 제1차 세계 대전 이후부터 1979년 이란에서 이슬람 혁명이 일어나기 전까지라고 할 수 있다. 이때 당시 유대인은 이란에서 약 15만 명 정도 살았으며 유대인 신문이 발행되었고 유대인도 이란의 공무원이 될 수 있을 정도였다.

이란 전체 인구에서 유대인이 차지하는 비율은 낮았지만, 1979년 이란 과학 아카데미 회원 18명 가운데 2명이 유대인이었고, 4천 명의 대학 교수 가운데 80명이, 1만 명의 의사 가운데 6백 명이 유대인이었다. 그 당시 이란에 살고 있던 유대인 가운데 오직 1퍼센트만이 최하층이었고, 80퍼센트는 중류층, 10퍼센트는 상류층으로 분류될 만큼 이란의 유대인들의 생활은 안정적이었다.

1948년 5월 14일, 1878년 만에 재건된 이스라엘이 독립을 선언할 때만 해도 중동 아랍 국가는 물론이고 서방 국가들마저 새로운 국가 탄생의 승인 여부를 두고 서로 눈치를 보고 있을 때, 이란은 이슬람 국가 중에서는 튀르키예 다음으로 그리고 중동 아랍 국가 중에서는 가장 먼저 이스라엘의 독립과 건국을 승인하였다.

그 후로 이란과 이스라엘은 곧바로 외교 관계를 수립했으며 테헤란에는 이스라엘 대사관이 문을 열었다. 1979년 이란에서 이슬람 혁명이 일어나기 전까지만 해도 이스라엘은 이란의 원유를 수입해서 사용할 정도로 이란은 미국만큼이나 중요한 나라였다. 그뿐만 아니라 이스라엘과 이란은 지리적으로도 1,500킬로미터 이상 떨어져 있기 때문에 국경 문제를 두고 다툴 이유도 없었다.

이렇듯 우호적이었던 두 나라의 관계는 1979년 이란에서 일어난 이슬람 혁명을 기점으로 바뀌기 시작했다. 단순히 분위기만 바뀐 것이 아니라 태도가 180도 뒤바뀌어 철천지원수의 관계로 돌변하기 시작한다. 사실 이란의 이슬람 혁명은 이스라엘뿐만 아니라 미국과 주변 아랍 국가, 유럽 국가들과의 관계도 상당 부분 빗나가기 시작했다.

2
이슬람 혁명의 배경

제2차 세계 대전 중이던 1941년 9월, 아버지 레자 샤 팔라비Reza Shah Pahlavi의 뒤를 이어 이란의 황제로 즉위한 모하마드 레자 팔라비Mohammad Reza Pahlavi는 어려운 선택을 해야 하는 상황에 직면하였다.

제2차 세계 대전 이후 미국과 소련의 냉전 체제 상황에서 민주주의와 공산주의로 나눠지면서 과연 전 세계 국가들은 소련 편에 서야 할지, 아니면 미국 편에 서야 할지를 선택해야 했다.

팔라비는 선친의 뜻에 따라 이미 11세 때 스위스로 유학을 떠나 4년 동안 공부하면서 서양 문화를 접하고 민주주의에 대한 교육을 받았다. 이때만

모하마드 레자 팔라비

해도 이란과 미국은 그다지 사이가 나쁘지 않았기 때문에 팔라비는 당연히 미국 편에 설 것을 결정하였다.

그리고 1951년 모하마드 레자 팔라비는 이란에서는 최초의 민주주의 선거 방식을 통해 모하마드 모사데그 Mohammad Mossadegh라는 인물을 선출하여 총리 자리에 앉혔다. 이때부터 모하마드 레자 팔라비는 모사데그로 인해 엄청난 시련을 겪게 된다.

모사데그

제2차 세계 대전 이후 전 세계 국가들은 그 어느 때보다도 석유 의존도가 높아졌고 특히 유럽 국가들은 당연히 기름이 나오는 아랍 지역의 유전에 눈독을 들일 수밖에 없었다. 특히 영국은 자국의 석유회사를 통해 이란에서 원유를 생산해서 영국으로 부지런히 가져갔다.

이란의 새로운 총리로 선출된 모사데그는 이것을 못마땅하게 생각했다. '왜 우리나라에서 생산된 원유를 영국이 가져가는 걸까? 차라리 이 원유를 우리가 직접 생산하고 관리하면 우리나라 경제에 훨씬 더 이득이 되지 않을까?'

결국 모사데그는 이란에서 생산되는 모든 원유를 국유화하고 더 이상 이란 땅에서 뽑아낸 원유를 영국 기업이 가져

* 이란에서 최초로 뽑아올린 원유(사진 출처-Nevit Dilmen)
* 앵글로 이란 오일 컴퍼니(사진 출처-Nevit Dilmen)

가지 못하게 했다. 영국을 포함한 유럽 국가들은 모사데그의 석유 국유화 작업에 강력히 반발했지만, 모사데그는 한술 더 떠서 이란에 남아 있던 영국의 원유 생산 전문가들을 모두 국외로 내쫓아 버렸다. 또한 모사데그는 총리로서 독재 정권을 수립하고 이때까지 이란에서 강력한 권좌를 누리고 있었던 황제의 권력을 축소한 것이다.

팔라비 입장에서는 자기의 권력을 축소하라고 모사데그를 총리 자리에 앉힌 것이 아닌데, 결국 호랑이 새끼를 키운 것이었다. 어쨌든 이런 일들로 인해 모사데그와 팔라비 사이에는 엄청난 갈등이 생겼고 결국 권력 싸움에서 밀린 팔라비는 왕위에 오른 지 10년 만에 1951년 이탈리아로 망명한다.

사실 여기까지 보면 모사데그가 권력을 잡고 모든 정쟁에서 승리한 것처럼 보이지만, 모사데그에게는 또 다른 문제가 생겼다. 모사데그의 이런 정책들이 이란 국민들의 지지를 받을 줄 알았는데 그렇지 못한 것이다.

우선 이란의 모든 석유회사를 국유화하긴 했는데 그다지 큰 경제적 효과를 보지 못했다. 그 이유는 영국의 숙련된 기술 인력을 모두 쫓아내서 정작 석유 시설을 운영할 숙련된 전문가가 없었기 때문이다.

여기에 모사데그의 자국 우선주의 정책을 못마땅하게 여

길 수밖에 없었던 영국은 미국 CIA의 도움을 받아 에이젝스 작전Operation Ajax, 즉 모사데그 축출 작전을 펼친다. 결국 모사데그는 체포되었고 재판에 넘겨져서 3년의 금고형을 선고받으면서 그의 일장춘몽은 막을 내린다.

1953년 테헤란에서 재판을 받는 모사데그(사진 출처-WSJ)

모사데그가 정권에서 추출된 이후 1953년, 이탈리아에서 망명 생활을 하던 팔라비가 다시 이란으로 돌아오고 그제야 팔라비 정권이 비교적 안정세에 접어들게 되었다. 미국의 절대적인 지원을 받고 권력을 다시 잡게 된 팔라비는 이때부터 본격적으로 친미국 정책을 펼쳐 나가기 시작했다. 국유화했던 석유회사들을 다시 기업들의 손에 넘겨주고 나름대로 경제적·사회적·정치적 개혁을 꾀하기도 했다.

특히 팔라비는 1963년 이란의 토지개혁을 실행하면서 이슬람 사원의 토지를 강제로 축소시켰고 그동안 여성의 자유와 인권을 억압해 왔던 이슬람 전통 문화에 대항해 여성들의 히잡 착용을 금지하고 의회의 참정권을 허락하는 등 여성 해방운동까지 부르짖었다. 앞서 설명한 것처럼 팔라비는 오랫동안 유럽에서 생활한 탓에 서구 문화에 익숙했고 세속화되어 있었기 때문이다. 테헤란 거리에는 짧은 치마를 입고 다니는 여성들이 눈에 띄게 늘어났고 남녀가 카페에 앉아 대화를 나누는 장면을 쉽게 볼 수 있게 되었다.

이슬람 혁명 이전의 이란 여성들

팔라비의 이런 정책을 당연히 이란의 보수적 성향의 시아파 성직자와 무슬림은 좋아할 리가 없었다. 이때부터 팔라비는 무슬림의 지지를 잃었을 뿐만 아니라 노동 계급이나 전통적인 상인들의 지지도 잃기 시작했다. 더구나 팔라비가 1948년 5월에 이스라엘의 독립을 지지한 것과 국왕 본인과 왕실 가족, 지배 엘리트 계층의 부정부패가 심각했는데 이것 역시 이란 국민의 분노를 유발했다.

당연히 팔라비를 향한 반대 시위가 일어날 수밖에 없었다. 이럴 때마다 팔라비는 이란의 정보기관이자 비밀경찰인 사바크SAVAK(국가정보안보기구)를 이용해 광범위한 정치적 압박을 가했다. 1978년 당시 팔라비가 잡아들인 이란의 정치범은 최소한 2천2백 명 정도였다고 한다.

팔라비의 이런 억압 정책에 강력히 반대하고 나선 인물이 바로 이란의 시아파 최고 종교 지도자인 아야톨라 루홀라 호메이니Ruhollah Khomeini였다. 호메이니는 국민에게 "팔라비가 미국의 조종을 받아 미국과 한편이 되어 이란

아야톨라 루홀라 호메이니

을 망치고 있으며 이란 국민의 정신적 기둥인 이슬람을 허물어뜨리고 있다"고 주장했다. 그러면서 이란을 왕정 체제가 아닌 이슬람 체제로 바꿔야 한다고 외쳤다.

호메이니의 이런 활동을 못마땅하게 여긴 팔라비는 호메이니를 튀르키예로 강제 추방한다. 후에 호메이니는 프랑스

로 망명한다. 호메이니는 프랑스에서 망명 생활을 하면서 이란 내의 팔라비 반대파를 조종하였고 계속해서 팔라비 정부 저항운동을 부추겨 나갔다. 호메이니는 타국에서 활동하고 있음에도 불구하고 이란 국민 사이에서는 가장 영향력 있는 영적 지도자로 부상하였다.

이란 국민의 반 팔라비 시위가 극렬해지자 신변의 위협을 느낀 팔라비는 결국 1979년 1월 신병 치료를 이유로 이집트로 떠난다. 이는 사실상 망명이나 다름없었다. 팔라비가 이란을 떠나고 1979년 2월 1일, 드디어 15년 동안 프랑스 파리에서 망명 생활을 하던 호메이니는 이란 국민의 대환영을 받으며 화려하게 귀국하고 '이슬람을 위한 이슬람에 의한 이슬람 공화국'을 수립하게 된다.

이슬람 교리를 정치와 사회 질서의 기본으로 삼아 '이슬람교의 원점으로 돌아가겠다'는 이른바 '이슬람 혁명'을 단행했다. 이때부터 이란은 전 세계에서 유일한 이슬람 공화국이 되었다.

귀국하는 호메이니

3

전 세계에서 유일한 이슬람 공화국의 탄생

이란으로 돌아온 호메이니는 이슬람의 시아파 교리에 의해 미국과 이스라엘을 반드시 제거해야 할 대악마의 국가로 규정하였다. 이때부터 이란 정부와 미국, 이스라엘은 공식적으로 공공의 적이 되었다. 한마디로 이란에서 미국과 관련된 모든 것을 지워 버리고 이스라엘을 지구상에서 없애 버리겠다는 것이다.

호메이니가 이런 생각을 하게 된 배경에는 이슬람 시아파의 종말론 교리와도 관련이 있다. 이슬람의 창시자 무함마드의 죽음 이후 오직 혈연적 관계가 있는 후손만 후계자로 삼는 시아파는 무함마드의 사촌인 알리 탈리브를 1대 이맘으로 삼고, 2대는 하산… 이런 식으로 이어가다가 11대 이맘인

하산 알아스카리 때에는 시아파에 대한 박해가 심해졌다. 결국 11대 이맘은 자신의 뒤를 계승할 다섯 살의 어린 아들 무함마드 이븐 알-하산Muhammad ibn al-Hasan이 있음에도 불구하고 이 사실을 함구한 채 죽는다. 시아파에서 후계자에 대한 논란이 일자 결국 숨은 아들의 존재를 알리며 열두 번째 이맘의 자리를 이어받게 되지만, 즉위 직후 사람들의 눈을 피해 자취를 감춘다. 그때부터 시아파 무슬림은 열두 번째 이맘은 죽은 것이 아니라 지금도 어딘가에 살아 있으며 언젠가는 마흐디Mahdi, 즉 메시아가 되어 다시 돌아올 것으로 믿고 있다.

그런데 알마시Almasih, 즉 기름 부음받은 자가 나타나기 전에 시아파 무슬림들이 먼저 해야 할 일들이 있는데, 바로 이 땅의 사탄들을 모두 제압해서 궤멸시키는 것이다. 사탄의 무리도 큰 사탄과 작은 사탄이 있다. 큰 사탄은 미국을, 작은 사탄은 이스라엘을 가리킨다. 시아파 종주국인 이란이 이 땅의 모든 무슬림을 대표해서 그 일을 감당해야 하고 미국과 이스라엘을 지구상에서 가장 먼저 없애야 할 나라이자 민족이라고 여기고 있다. 이런 신념을 호메이니가 강력히 주장하고 나섰다.

이때부터 호메이니를 중심으로 이슬람 공화국이 된 이란

의 모든 외교 정책은 이스라엘과 유대 민족을 공격하고 궤멸시켜 지구상에서 사라지게 하는 쪽으로 맞춰졌다. 이와 동시에 시도 가능한 모든 방법으로 미국을 공격하는 방향으로 정해졌다.

이란의 이슬람 대혁명 당시 시위 모습

3 전 세계에서 유일한 이슬람 공화국의 탄생

호메이니는 먼저 이란의 은행에 있는 모든 미국 기업의 자금을 전액 인출했고, 이란에 있는 미국 투자 회사들을 이란 국가 소유로 귀속시켰으며 석유 수출을 중단해 버렸다. 이에 따라 전 세계는 '오일 쇼크'에 휩싸이게 되었다. 그뿐만 아니라 이때부터 호메이니는 이란 내에 있는 팔라비의 측근들을 대대적으로 숙청하는 그야말로 피의 잔치를 펼친다. 특히 이집트에서 미국으로 망명한 팔라비를 궐석 재판으로 사형을 선고해 버린다.

그러면서 호메이니는 미국 정부를 향해 '팔라비를 이란으로 돌려보내라. 그가 정말 몸이 아파서 미국에 있는 것이라면 이란 의료진들을 미국으로 보내 직접 확인하고 싶다'고 요구했지만, 당시 미국 대통령이었던 지미 카터Jimmy Carter는 이란의 요구를 완전히 묵살해 버린다.

사실 암에 걸린 팔라비는 생명이 얼마 남지 않은 상태였다. 그가 미국에서 사망하기보다는 이란에 가서 사형을 받게 했다면 미국과 이란의 관계가 지금처럼 심각하지는 않았을지도 모른다.

하지만 미국은 팔라비를 끝까지 보호하려 했다. 이란 국민은 미국에 대한 분노로 가득했고 결국 1979년 11월 4일, 이란의 대학생 3백여 명이 수도 테헤란에 있는 미국 대사관

*미국 대사관을 점거한 이란 시위대
*끌려나온 미국 대사관 직원들

을 점거한 후 흑인과 여성은 내보내는 대신 대사관 직원 52명을 인질로 잡고 농성에 들어갔다. 52명의 미국인을 이란의 수도 테헤란 한복판에서 그것도 미국 대사관 안에서 인질로 잡고 팔라비를 이란으로 돌려보내라고 요구하는 초유의 사태가 벌어진 것이다.

팔라비 한 사람을 포기하고 돌려보내든지, 미국인 52명의 목숨을 포기하든지 선택하라는 것이다. 하지만 미국은 이러지도 저러지도 못한 채 그저 안타깝게 미국 대사관에서 벌어지는 인질 사태를 지켜볼 수밖에 없었다. 당시 지미 카터 대통령은 미국 대사관에 인질로 잡혀 있는 자국민을 구출하기

미군 헬기 델타포스의 추락으로 8명이 사망했다.

위해 '독수리 발톱'이라는 특수 작전까지 펼쳤지만, 불행하게도 이 작전에 나섰던 미군 헬기가 이란의 사막에 추락하면서 이마저도 실패로 끝났다. 이 작전으로 이란과 미국의 관계는 극도로 악화되었다.

테헤란에 인질로 잡혀 있는 자국민 52명을 구출하지 못한 지미 카터 대통령은 1981년 재선에 실패하고 로널드 레이건Ronald Reagan이 새로운 대통령으로 당선되었다. 인질 사건은 1981년 1월, 444일 만에 전원이 무사히 미국으로 귀국하면서 끝을 맺는다.

이때 미국 대사관 인질 사건의 주동자가 바로 2005년 이란 대통령으로 당선되어 8년 동안 정권을 잡은 마흐무드 아흐마디 네자드Mahmoud Ahmadinejad다.

아흐마디 네자드
전 이란 대통령

1980년에 이란과 미국의 사이가 벌어지는 또 다른 일이 발생했다. 이란에서 호메이니가 이슬람 혁명을 일으키고 집권할 당시 옆 나라 이라크는 사담 후세인Saddam Hussein이 집권하고 있었다. 그런데 이라크가 국경 문제로 이란에 전쟁을 걸어온 것이다. 이때 이슬람 혁명으로 이란에서의 영향력을 상실한 미국은 당연히 사담 후세인 편이 되어 이라크에 군사적 지원을 하게 된다. 이 전쟁에서 이라크는 화학무기를 자그마치 350여 차례 사용해서 어떤 날은 하루 동안 이란 국민 5천여 명이 희생당하는 엄청난 피해를 입는다. 8년 동안 이어진 이 전쟁에서 이란은 70만 명, 이라크는 30만 명의 사상자가 발생했고 3천억 달러 이상의 전쟁 비용이 소비되는, 딱히 누가 이겼다고 볼 수 없을 만큼 쌍방 간에 큰 피해만 주고 끝이 난다.

이란은 또다시 미국을 향해 극도로 분노한다. 이렇게 이란과 미국은 회복할 수 없을 정도로 깊은 골이 생겼고 미국과 이스라엘을 더더욱 미워할 수밖에 없게 되었다.

4

핵 개발에 목을 매는 이란

이스라엘과 미국을 최대의 적으로 삼은 이란은 두 나라를 상대로 전쟁을 치르기 위해 본격적인 핵무기 개발에 나서지 않을 수 없었다. 이란의 핵 개발 프로그램은 1950년대로 거슬러 올라간다.

당시 미국의 아이젠하워Dwight David Eisenhower 대통령은 이란과 '평화를 위한 원자력Atoms for Peace'이라는 협정을 맺고 이 협정에 따라서 미국은 이란에 원자핵 연구 원자로와 발전소 건설을 위한 기술과 돈을 제공했다. 오늘날 미국을 포함한 전 세계 국가들이 이란의 핵 개발을 반대하고 있는데 오히려 미국이 이란의 핵 개발을 위해 돈과 기술을 제공했다는 것이 역사의 아이러니다.

그리고 1951년 이란은 '핵은 개발하되 핵무기는 절대로 만들지 않기'로 약속하는 핵확산방지조약NPT에 가입하였고 이 약속은 30여 년 동안 나름대로 잘 지켜졌다. 하지만 1979년 호메이니가 정권을 잡으면서 변화가 나타났다. 특히 미국과 이란 사이의 핵 협상은 완전히 무너지고, 더욱 결정적인 계기는 1980년부터 1988년까지 이란과 이라크 사이에 있었던 전쟁이었다. 이때 이란은 이라크로부터 화학무기가 탑재된 스커드 미사일의 공격을 받았고, 이로 인해 군인과 민간인 포함 약 5만 명이 사망하는 막대한 인명 피해가 있었다.

8년간 진행된 이란 이라크 전쟁에서 화학무기로 사망한 사람들

이란 입장에서는 자국민 5만 명을 죽음으로 몰아넣은 이라크의 사담 후세인 대통령도 핵 프로그램을 개발하고 있으며 인도와 파키스탄도 핵무기를 보유하고 있었다. 더구나 이스라엘도 핵무기를 보유하고 있는데 굳이 자신들만 손놓고 있을 이유가 없다고 생각한 것이다.

거기다 미국은 2001년에 발생한 9·11테러 사건 후 이란을 악의 축으로 규정하였고 이란은 더욱더 핵무기 개발의 필요성을 외면할 수가 없었다. 실제로 이란 최고 정치 지도자들은 자국의 원자력 프로그램과 관련해서 언제든지 마음만 먹으면 핵무기를 만들 수 있는 우라늄 농축 및 플루토늄의 독자적 생산이 가능한 핵연료 주기 완성만이 국가 정책의 목표라고 공공연히 밝혀 왔다.

그러자 국제원자력기구IAEA를 비롯한 국제 사회는 이란이 핵확산금지조약NPT에 가입되어 있는 만큼 핵 개발 프로그램에서 정말 핵무기를 만들 의향이 있는지, 없는지 사찰을 받으라고 요구했다. 급기야 이란의 핵 개발은 국제 사회의 초미의 관심사가 되었다.

이란을 향한 국제 사회의 비난은 이어졌지만, 이란은 여전히 핵 개발 관련 시설들을 운영했다. 이때도 이란은 세계 최대의 산유국임에도 불구하고 그저 평화적 민간용 전력 생산을 위한 것이라고 둘러댔다. 한술 더 떠서 1995년에 이란은 미국의 강력한 저지에도 불구하고 핵무기 개발을 위해 러시아와 8백만 달러에 달하는 계약을 맺었다.

이에 대응하여 1996년 미국은 이란에 대해 경제 제재를 가했지만, 이란은 비밀리에 우라늄 농축을 계속해 나갔다. 물론 이때에도 여전히 이란은 자신들의 핵 개발은 단지 새로운 에너지원의 확보 차원이며 평화롭게 사용할 것이라는 주장만 되풀이했다. 그러나 핵무기를 개발하려는 이란의 숨은 의도는 얼마 가지 않아서 만천하에 드러났다.

2002년 8월, 이란의 재야 단체인 저항 국민협의회NCR-National Council of Resistence가 이란의 핵 개발과 연계된 2개의 국제원자력기구IAEA 미신고 시설의 존재와 세부 관련 정보를 세상에 폭로한 것이다. 이 폭로로 인해 이란의 핵 개발이 결국 핵무기 개발이었다는 사실이 세상에 제대로 알려지게 된다.

이때부터 국제 사회는 이란에 대한 경제 제재를 더욱 옥죄기 시작한다. 이란의 중요한 수입원 중 하나인 원유 수출 길을 막고 이란과의 모든 금융 거래를 차단했다. 그러자 이란은

이란의 핵 개발과 관련된
내용을 폭로하는 NCR 대표

당연히 경제적으로 심각한 어려움을 겪게 되었고 이란 국민의 삶은 그야말로 도탄에 빠지기 시작했다.

이슬람 혁명 당시 미국 대사관 점거 농성을 주도했던 모하메드 아흐마디 네자드가 2005년 이란의 대통령이 되면서 핵 개발은 또 다른 국면을 맞이하게 된다. 그는 이스라엘은 지도상에서 없어져야 하고 홀로코스트를 근거 없는 신화라고 말하며 미국의 중지 명령에도 불구하고 핵 개발을 오히려 적극 장려했다.

이란의 핵 시설 위치

2009년, 미국과 영국, 프랑스 정부는 그동안 비밀리 조사해 온 결과를 발표했다. 이란이 깊은 산중에 비밀리에 우라늄 농축 발전소를 만들고 1~5년 이내에 핵무기를 만들 수 있는 능력을 갖췄다는 것이다. 핵확산금지조약을 끊임없이 위반하는 이란에 대해 미국은 더 강력한 경제 제재를 가한다. 그러는 사이 이란의 경제 상황은 더욱 피폐해졌다.

5

하산 로하니와
버락 오바마의 결탁,
핵 협상 타결

2005년부터 2013년까지 모하메드 아흐마디 네자드가 이란의 9, 10대 대통령으로 정부를 이끄는 동안 핵무기 개발을 향한 강경 정책을 펼쳤고, 이란의 경제는 최악의 길을 걷고 있었다.

경제는 파탄에 이르렀고 국민은 실업과 가난에 허덕였다. 청년들에게는 미래가 없었고 가정주부들은 식탁을 차릴 재료가 냉장고에서 사라진 지 이미 오래였다. 하지만 아흐마디 네자드의 생각은 바뀔 줄을 몰랐다. 이때 아흐마디 네자드의 강경 드라이브에 브레이크를 걸기 위해 나선 인물이 바로 하산 로하니Hassan Rouhani였다.

하산 로하니

그는 지구상에서 이스라엘을 쓸어 없애버리겠다고 공언해 왔던 아흐마디 네자드 정부에서 핵 협상 수석대표로 국제 사회를 상대로 핵 문제를 협상해야 하는 아주 중요한 임무를 맡은 인물이었다.

핵 협상에 대한 그의 입장은 아흐마디 네자드와는 결이 달랐다. 국제 사회의 반대에도 불구하고 '무조건 핵을 개발해야 한다. 그것도 빠른 시일 내로 완성해야 한다'고 주장하는 강경파의 아흐마디 네자드와는 달리, 하산 로하니는 유화적으로 핵 협상 문제를 해결하려고 했다.

이란의 입장에서 '핵은 이스라엘과 미국을 공격하기 위해 꼭 필요하지만, 아흐마디 네자드처럼 강경하게 밀어붙일 경우 핵 개발도 못 하고 경제 제재 압박으로 나라도 힘들어질 것이다. 그러니 일단 핵무기 개발을 포기한 것처럼 보이게 해서 국제 사회를 안심시키자. 그래서 묶여 있는 경제 제재도 해제하고 원유도 수출해서 돈을 벌어들인 다음 국제 사회가 이란에 대한 염려와 걱정을 거둘 때 다시 핵무기를 만들어도 늦지 않다'는 생각이었다. 전략상 발톱을 숨기고 있다가 결정적일 때 다시 먹이를 차지하기 위해 드러내도 되지 않겠냐는 주장이다.

하산 로하니의 이런 주장은 경제적 어려움을 겪고 있는

이란 국민의 환영을 받았지만, 아흐마디 네자드는 받아들이지 않았다. 오히려 그는 하산 로하니를 이란 핵 협상 대표 자리에서 물러나게 했다. 그리고 자신이 그동안 끊임없이 주장해 왔던 것처럼 핵 개발을 멈추지 않고 더욱 열을 올렸다.

그 후 미국을 비롯한 국제 사회는 이란을 강력하게 비난하며 원유 수출 금지와 자산 동결 등 더욱 강한 경제 제재를 가하기 시작했다. 이에 따라 이란 경제는 실업률의 증가와 물가 상승 등으로 이어지면서 그 피해는 온전히 이란 국민의 몫이 되었다. 이란 국민의 불만은 더욱 커져갔다.

2013년, 아흐마디 네자드 대통령의 임기는 끝이 나고 대통령 선거에 출마했던 하산 로하니가 이란 국민들의 전폭적인 지지를 받으며 11대 대통령으로 선출되었다. 이제 이란의 핵 개발 프로젝트는 새로운 국면을 맞이하였다.

하산 로하니는 평소 생각해 왔던 대로 경제 제재 해제를 조건으로 핵 협상 의지를 밝히며 서방 국가들과 대화에 들어갔다. 마침내 2015년 7월 14일 미국의 전 대통령 버락 오바마Barack Obama가 주도한 유엔 안전보장이사회 5개 상임이사국인 미국, 러시아, 중국, 프랑스, 영국과 독일은 이란과 '포괄적 공동 행동계획JCPOA, Joint Comprehensive Plan of Action' 핵 협상을 타결하게 된다.

포괄적 공동 행동계획을 타결한 뒤 기념 촬영

이 핵 협상에서 이란은 더 이상 핵무기를 개발하지 않겠다고 세상에 선포했다. 그 대가로 국제 사회는 그동안 묶여 있었던 이란을 향한 경제 제재를 단계적으로 풀어주면서 이란의 원유를 다른 나라에 판매할 수 있게 해주었고, 그동안 외국에 묶여 있던 원유 판매 대금을 다시 이란으로 돌아갈 수 있게 해주었다.

당시 버락 오바마 대통령은 이 협상에 대해 "이란이 핵무기를 개발할 수 있는 모든 길은 차단되었으며, 이 협상은 서로의 신뢰 위에 세워졌다"고 말했다.

그러나 사실 이 핵 협상에는 문제가 많았다. 우선 이란이 핵무기를 개발하는지 지속적으로 감시하고 사찰해야 하는 주체를 국제원자력기구IAEA가 아니라, 이란 스스로 사찰하는 것으로 합의했기 때문이다. 게다가 핵 시설을 다시는 사용하지 못하도록 완전히 파괴하는 것이 아니라 현재 상태 그대로 두고 더 이상 진행만 하지 않겠다고 약속한 것이다.

그리고 또 한 가지, 핵무기 제조를 위한 모든 프로그램은 중단하지만 고농축 우라늄 3.67퍼센트의 생산을 허용했다. 비록 3.67퍼센트이기는 하지만 고농축 우라늄을 조금이라도 생산한다는 것은 언젠가 생산량을 늘려갈 수 있는 가능성의 불씨를 살려놓는 것과 마찬가지였다. 그런데도 전 세계 언론은 이란이 마치 핵을 완전히 포기한 것처럼 착각하고 반겼다. 하지만 오직 이스라엘은 이 부분을 계속 지적하면서 '이란은 지금 전 세계를 대상으로 거대한 사기극을 벌이고 있다'고 목이 아프도록 주장했다.

어쨌든 이란은 국제 사회로부터 경제 제재 해제를 약속받으면서 그동안 외국에 묶여 있었던 120조라는 거액이 이란으로 돌아오게 될 거라고 굳게 확신했다. 핵 협상을 본인의 계획대로 성공시킨 하산 로하니 대통령은 그때부터 전 세계를 향해 돈 잔치를 벌이기 시작했다.

우선 2016년 1월 25일, 이란 대통령으로는 17년 만에 처음으로 이탈리아를 방문했다. 이 자리에서 170억 유로(약 22조 원) 규모의 계약을 이탈리아 기업들과 체결했다. 그다음에는 프랑스로 날아가 올랑드 대통령을 만났다. 이 자리에서는 270억 달러(약 32조 원) 상당의 에어버스 항공기 114대를 한꺼번에 구입하겠다고 약속한다.

하산 로하니 대통령은 4박 5일간 유럽 순방 동안 자그마치 55조 원의 돈 잔치를 하고 돌아온 것이다. 이란은 국제 사회에서 새로운 물주로 떠오르는 것 같았다. 그래서인지 유럽의 여러 정치 지도자는 '잠에서 깨어난 거인'이라는 표현과 함께 이란과 사이좋게 지내기 위해 부지런히 찾아갔다. 독일의 앙겔라 메르켈 총리가 이란을 찾았고, 중국의 시진핑 국가 주석, 일본의 아베 총리까지 이란을 방문했다. 그리고 우리나라의 박근혜 전 대통령도 이란을 방문했다.

프랑스의 올랑드 대통령과 이란의 하산 로하니 대통령

6

도널드 트럼프의 등장

2016년 미국 대선에서 민주당의 힐러리 클린턴Hillary Rodham Clinton이 45대 대통령으로 당선되었다면 아마도 이 정책은 그대로 유지되었을 것이다. 하지만 대부분의 도박사가 예상했던 힐러리 클린턴 대신 도널드 트럼프Donald Trump가 45대 대통령으로 선출되어 미국은 물론 전 세계를 깜짝 놀라게 했다. 이때부터 이란은 물론이고 이스라엘의 상황도 매우 급박하게 돌아갔다.

도널드 트럼프는 대통령 후보 시절인 2016년 9월 26일에 열린 1차 TV 토론에서 "미국이 이란과 맺은 핵 협상은 최악의 협상이고 대통령으로 당선되면 이란과 맺은 핵 협상을 다시 들여다보겠다"고 본인의 생각을 강조한 적이 있다.

2017년 1월, 이스라엘은 도널드 트럼프가 대통령으로 취

미국 대사관을 예루살렘으로 옮기겠다고 선언한 트럼프에게 감사하다고 적은 예루살렘의 벽보

임하자마자 얼마 지나지 않아 중요한 결단을 한다. 전 세계가 이란의 속임수에 넘어가고 있다는 것을 반드시 증명해야겠다고 생각한 이스라엘은 이란의 수도 테헤란에 있는 한 창고에 모사드 요원을 침투시켜서 0.5톤가량의 핵무기 기밀 자료와 수만 쪽의 문서 그리고 거의 2백 개에 달하는 컴퓨터 자료를 빼내는 데 성공한다.

이 자료들을 면밀히 분석한 이스라엘 정보국은 평화적 목적으로 원자력을 개발한다는 이란의 주장과 달리 핵탄두를 미사일에 장착하는 내용이 있는 자료를 찾아냈다. 2018년 4월, 기자회견을 연 베냐민 네타냐후Benjamin Netanyahu는 전 세계가 지켜보는 가운데 확보한 자료와 CD를 보여 주며 그동안 이란이 전 세계를 향해 얼마나 많은 거짓말을 했는지를 낱낱이 밝히기 시작했다.

물론 이란은 모든 것이 이스라엘의 조작이며 거짓이라고 했지만, 전 세계에 불어닥친 충격을 잠재울 수는 없었다. 이렇게 이란의 계략이 만천하에 드러난 이상 도널드 트럼프는 더는 선택을 미룰 이유가 없었다. 그리고 핵 협상 파기라는 서류에 서명하기 위해 만년필 뚜껑을 만지작거렸다.

만약에 도널드 트럼프가 핵 협상 일방 파기를 선언할 경우, 전 세계로부터 받게 될 온갖 비난과 정치적 도전에도 불구하고 결단하지 않을 수 없는 이유는 다음과 같다. 첫째, 이란은 핵 프로그램 감축 합의를 이행하지 않았고, 둘째, 핵 협상이 이란의 파괴적 활동과 불법 미사일 프로그램에 대처하는데 실패했기 때문이다. 또한 이란 핵 개발 프로그램에 대한 일부 금지조항의 경우 2025년이 되면 자동으로 효력이 소멸하고 제한이 풀리는 일몰조항이 있어서 결국 미국의 국익에 반하는 결정이라고 생각했다.

* 자료 탈취에 관해 설명하는 베냐민 네타냐후
* 테헤란의 비밀 연구소에서 빼돌린 핵 관련 자료를 공개하며 브리핑하는 베냐민 네타냐후
** UN에서 이란의 핵개발 위험성을 경고하는 베냐민 네타냐후

그래서 트럼프 대통령은 이런 일몰조항을 없애고 이란 핵협정 검증법을 개정해 앞으로 이란이 특정한 한계선을 넘어서는 행동을 개시할 경우 이란에 대한 제재가 자동으로 재개될 수 있도록 해야 한다고 생각했다. 또한 개정안에는 이란이 테러 세력 지원 등을 할 경우 즉시 제재를 발동하는 '자동 개입 트리거(방아쇠) 조항', '국제원자력기구IAEA의 검증 작업 강화' 등을 포함해야 한다고 주장했다.

이스라엘의 거리에 등장한 도널드 트럼프와 베냐민 네타냐후의 사진

하지만 트럼프 대통령이 2015년 이란과 체결했던 핵 협상에 대해서 불인증한다는 것은 미국 국내법상의 조치일 뿐 그렇다고 해서 당장 핵 협상이 파기되는 것은 아니었다. 핵 협상을 유지할지 아니면 파기하고 이란에 다시 제재를 가할지는 미국 의회의 손에 달려 있다.

그러나 그때까지만 해도 트럼프 대통령이 미국 의회에 이란 경제 제재 재개를 요청하지 않은 것으로 보아 직접 파기를 선언하는 대신 재협상 또는 파기 압박, 이란 제재를 재차 가하는 절차를 밟을 것으로 예상했다. 하지만 상황은 예상과 다르게 급변했다. 2018년 5월 8일, 도널드 트럼프 대통령은 3년 전 유엔 안전보장이사회 국가들이 이란과 맺은 핵 합의는 원천 무효이며 따라서 핵 합의를 파기한다고 일방적으로 선언해 버린다. 이란을 비롯한 국제 사회는 또다시 혼란에 빠졌다.

7

이란의 반격
그리고
이스라엘의 입장

도널드 트럼프의 결정에 대해 이스라엘은 환영하였다. 이스라엘은 사우디아라비아와 더불어 2015년 이란 핵 협상이 체결될 때부터 이 협상을 '역사적 실수'라고 맹비난하며 핵 협상 자체를 파기해야 한다고 주장해 왔다.

이스라엘을 둘러싸고 있는 중동 국가들이 이스라엘을 향해 공격의 빌미를 찾고 있는 안보의 위협 속에서 주변국이 핵을 개발한다는 것은 이스라엘의 안보에 심각한 위협 요인이 될 수 있었다. 또한 앞에서도 말했듯이 이란 핵 협상에는 일몰조항이 포함되어 있어서 핵무기 개발에 핵심이 되는 일부 제재는 시간이 지나면 결국 풀리게 되어 있었다.

협상안을 보면, 이란의 핵물질 개발 제한 조치는 우라늄 농축의 경우 10년, 플루토늄의 경우 15년으로 제한되어 있다. 이 기간이 지나면 이란은 아무런 제재 없이 개발할 수 있다는 얘기다. 당시 미국 정부는 이것이 굉장한 성과인 것처럼 발표했지만 이스라엘에게 10~15년은 결코 긴 기간이 아니었다.

결국 미국과 이스라엘 제거가 목표인 이란의 정치적·종교적 사명이 바뀌지 않는 한 이란은 경제 제재 해제의 혜택을 다 누리며 경제 성장을 이룰 것이고 결국 핵무기 제조 성공까지 하게 될 것이다.

미국 정부는 이란이 핵확산금지조약NPT에 가입한 만큼 장기적으로도 이란의 핵무기 보유를 막을 수 있다고 밝혔으나, 이미 이란은 핵확산금지조약과 유엔 안전보장이사회의 조약을 여러 번 어긴 바 있다.

이란의 의도를 잘 알고 있는 이스라엘은 그래서 더욱 이란의 움직임에 예민하고 경계 태세를 갖출 수밖에 없었다. 하지만 핵 협상이 뒤집어진다고 해도 이스라엘은 마냥 안심할 수만은 없었다.

2015년, 이스라엘의 상황을 고려하지 않은 핵 협상이 타결되어 결국 이란이 핵무기를 소유할 가능성이 만연했던 것도 이스라엘에는 큰일이지만, 2018년에 다시 핵 협상을 파기시킨 트럼프 정부에 대해 국제 사회가 비난을 쏟아내고 이란도 핵 합의 내용을 계속 이행했다고 주장하면 핵 프로그램 재가동을 시행할 수 있기 때문이다.

그렇게 된다면 이스라엘은 어쩔 수 없이 이란을 향해 선제공격할 가능성을 배제할 수 없다. 이스라엘에 주변국의 핵 개발을 절대 용인하지 않는 전례가 있다는 것을 안다면 이스라엘의 입장이 절대 과민하지 않다는 것을 알 것이다.

이라크의 오시라크에 건설 중이었던 원자로

이미 이스라엘은 1981년 이라크 오시라크Osirak 핵 시설을 직접 타격한 바 있다. 당시 이스라엘은 이라크의 핵 개발을 막기 위해 여러 노력을 기울였지만, 결국 막을 수 없다고 판단하여 독자 공격을 실행한 것이다.

이로 인해 이라크의 핵 시설 돔 구조가 파괴되고 폭탄이 원자로의 핵연료를 담고 있는 노심까지 파고 들어가 원자로가 완전히 파괴되었다. '바빌론 작전'이라고 불리는 이 작전은 당시 국제 사회로부터 많은 비판과 비난을 받았으나, 10년이 지난 1990년대 미국의 걸프전 승리의 포석으로 여겨지며 재평가 받았다.

알키바르 시리아 원자로 공습 전후

이뿐만이 아니다. 2007년 9월 6일, 이스라엘은 시리아의 알키바르Al-Kibar 핵 시설을 공습했다. 이스라엘은 당시 이곳에 이란의 경제 지원과 북한 기술진의 지원으로 북한식 원자로가 건설되고 있다는 사실을 알아내고 미국에 공습을 요청했지만 거절당한다. 그러자 이스라엘은 스스로 공습을 결정하고 이곳을 파괴했다. 당시 바샤르 알아사드Bashar al-Assad 시리아 대통령은 이스라엘이 타격한 시설은 핵과는 무관한 시설이었다고 주장했지만, 1년 뒤 국제원자력기구의 조사를 통해 이곳에 핵 시설이 있었던 것이 입증되었다.

이스라엘이 주변국의 핵 개발에 반응했던 전례를 봐도 그렇고, 이란에 대해서도 핵 개발 저지 의사를 강하게 나타내는 것으로 보아, 이란의 핵 협상이 어떻게 진행되느냐에 따라 이란을 선제공격할 가능성도 존재한다.

더욱이 2018년 8월 13일, 〈예루살렘 포스트〉 등 현지 언론은 베냐민 네타냐후 총리가 앞으로 전체 내각이 아닌 안보 내각의 승인만으로도 전쟁을 수행할 수 있는 법안을 추진 중이라고 밝힌 바 있다. 물론 그때까지 승인된 법안은 아니지만 그만큼 이란의 핵으로부터 자국을 수호하려는 이스라엘의 강한 의지를 엿볼 수 있는 부분이다.

엎친 데 덮친 격으로 시리아 내전이 아사드 정권에 유리하게 흘러가면서 아사드 편에 서서 전쟁을 치르던 헤즈볼라 세력이 시리아에서 더욱 강해지고 있었다. 그런가 하면 이란에서 헤즈볼라에게 전달하는 무기를 이스라엘이 여러 차례 공중 폭격으로 막았음에도 불구하고 헤즈볼라는 이란과 시리아 정부군, 러시아에서 고성능 무기를 공급받아 전투력이 증가하고 있다. 또한 헤즈볼라는 시리아 내전을 통해 어느 때보다 많은 훈련과 경험을 쌓은 상황이다.

헤즈볼라는 레바논에 기반을 두고 있으면서 이란의 지원을 받는 이슬람 시아파 무장 단체다. 이 무장 단체는 이스라엘 국가 자체를 부정하고 제거하는 것을 목표로 하는 테러 조직이다. 이러한 헤즈볼라가 레바논뿐만 아니라 이스라엘과 국경을 마주하고 있는 시리아에 터를 잡고, 이란과 헤즈볼라, 시리아의 아사드 정권의 연합이 더욱 강해진다면 이스라엘로서는 더욱 촉각을 곤두세울 수밖에 없다. 이미 그때에도 시리아에 있는 헤즈볼라가 이스라엘의 골란고원을 향해 로켓들을 발사하는 일이 벌어지고 있었다.

이제 이스라엘에는 결정의 시간이 점점 다가오고 있다. 이스라엘의 가장 우방이라 할 수 있는 미국과 유럽 국가들도 결정적인 순간에 자국의 이익을 고려해 발을 빼는 경우가 많다는 것을 잘 아는 이스라엘은 홀로 결정하고 싸울 수밖에 없는 상황이다. 하지만 이스라엘도 이란이나 헤즈볼라를 선제 타격할 경우 전면전으로 번질 큰 위험이 있다는 것을 알기 때문에 모든 결정에 신중에 신중을 기하지 않을 수 없다.

8

이란을 향한
미국의
경제 제재

2018년 8월 7일, 미국은 이란 산업 전반을 겨냥한 1차 경제 제재를 재개하면서 압박의 고삐를 더욱 죄어갔다. 압박 방식은 이란과 거래하는 제3국이나 개인에 대해 제재하는 이른바 '세컨더리 보이콧Secondary Boycott'이다.

이 정도로는 성에 차지 않았는지 도널드 트럼프 대통령은 2018년 11월 5일 이란의 석유 수출과 수출 대금의 유입을 막는 2차 경제 제재에 돌입했다. 2차 경제 제재는 이란 국영 석유회사와의 원유 석유 제품 거래 금지, 이란 중앙은행 등과 금융 거래 금지 등을 내용으로 한다.

1차 경제 제재가 이란 산업 전반을 겨냥했다면 2차 경제 제재는 석유 수출과 수출 대금의 유입을 막아 이란 경제를 고사시키겠다는 것이다. 한마디로 이란을 향해 '모든 속임수를 알고 있으니 더는 꼼수를 부리지 말고 핵을 완전히 포기하고 항복하라'는 의미였다.

애당초 핵 협상 내용 중에 분명히 들어 있었던 내용, 다시 말해 이란이 핵 감축을 위해 노력하지 않을 경우 또다시 제재에 들어가겠다는 스냅백snapback을 시행한 것이다.

미국은 이란을 향한 압박의 끈을 절대 풀지 않을 것으로 보였다. 이란이 핵 프로그램 폐기를 위한 재협상 테이블에 나올 때까지 제재와 압박을 계속하겠다는 의지를 보였기 때문이다. 2018년 11월 5일, 존 볼턴John Bolton 백악관 국가안보보좌관은 2차 제재로 끝나지 않고 3차 제재까지도 고려하고 있다고 말할 정도였다.

당시 모하마드 자바드 자리프Mohammad Javad Zarif 이란 외무 장관은 미국이 이란의 석유 수출을 막는다면 "반드시 대가를 치러야 할 것"이라고 경고했지만, 미국은 전혀 물러설 기세가 아니었다. 오히려 미국은 2019년 4월 8일에 이란의 정규군이라 할 수 있는 혁명수비대를 테러 조직으로 지정하면서 하산 로하니 정부를 불법 정권으로 선언했다. 그리고 혁명수비대와 관련된 모든 인

모하마드 자바드 자리프
전 이란 외무 장관

사의 미국 입국을 금지했다. 이들과 거래하는 외국 기업이나 인사 역시 제재의 대상으로 조치하기에 이르렀다.

이란도 역시 중동에 주둔하고 있는 미군에 대해 똑같이 테러 조직으로 지정하며 맞불을 놓았다. 그뿐만 아니라 강경파인 호세인 살라미 혁명수비대 부사령관을 총사령관으로 승진 임명하며 절대로 물러서지 않겠다는 신호를 보냈다.

그러자 도널드 트럼프 대통령은 이란을 한층 더 압박하기 위한 방법으로 이란산 원유 수입 금지 조치 적용의 예외를 더 이상 연장하지 않겠다고 발표했다. 그때 당시 이란산 원유를 수입하지 않으면 국가 경제에 심각한 타격을 입을 수 있는 나라에 한해서 예외를 두었는데 이제는 그것마저도 인정하지 않겠다는 것이다. 만약에 미국의 이런 엄포에도 불구하고 이란산 원유를 수입하는 나라는 반드시 경제 제재를 하겠다는 것이었다.

이에 따라서 중국과 일본을 비롯한 7개국과 한국은 2019년 5월 3일 0시부터 이란산 원유를 수입할 수 없게 되었다. 미국 정부의 이런 조치의 목적은 이란산 원유 수출을 제로 zero로 만들어 주요 수입원을 없애려는 것이었다.

이렇게 되면 이란은 일 년에 최소한 100억 달러(한화 약 13조 원)를 벌어들이지 못하는 치명상을 입게 되고 하루 100만

배럴의 원유 공급이 줄어들게 되면서 국제 유가는 상승할 상황에 놓이게 되었다.

그럼에도 이런 조치를 한 이유에 대해 미국 마이크 폼페이오Mike Pompeo 국무 장관은 "이란 지도자들이 파괴적인 행동을 멈추고 이란 국민의 권리를 존중하며 협상 테이블로 돌아올 때까지 이란 정권에 대한 압박을 지속할 것"이라고 말했다.

이에 대해 이란은 당장 호르무즈 해협을 봉쇄하겠다고 나섰다. 호르무즈 해협은 페르시아만과 오만만 사이의 바닷길을 말한다. 세계 원유 하루 물동량의 20퍼센트인 1,700만 배럴이 지나가는 길목이다. 전 세계 바다에 떠다니는 유조선 중 삼분의 일은 이 해협을 반드시 통과해야만 하는데 이 해협을 가로막겠다는 것이다.

미국은 또다시 2019년 5월 5일, B-52H 폭격기와 에이브러햄 링컨 항공모함 전단 등을 중동 지역에 파견했고, 이란은 다음 날인 6일, 일부 핵 프로그램을 재개할 준비가 되어 있다고 선언한다. 그리고 5월 8일 이란의 하산 로하니 대통령은 한술 더 떠서 이란핵합의JCPOA 일부 조항에 대한 이행 중단을 발표했다. 핵무기를 더 이상 만들지 않겠다는 약속을 지키지 않겠다는 것이다.

9

충돌의
극한으로 치닫는
두 나라

미국과 이란의 대결은 끝없이 절정을 향해 치달았다. 2019년 5월 8일, 미국은 이란의 주요 외화 수입의 원천인 철강, 알루미늄, 구리, 철 등 광물 분야에 대한 신규 제재를 가하는 내용의 행정 명령을 발동했다. 이는 앞으로 이란산 철강과 그 외 금속 제품을 항구로 들여오는 나라에 대해서는 연대 책임을 묻겠다는 선포나 다름없었다.

5월 10일, 미국은 또다시 패트리엇 요격 미사일 포대와 수송 상륙함인 USS 알링턴을 중동 지역에 급파했다. 이 와중에 5월 12일 아랍 에미리트 근해에서 사우디아라비아의 유조선 두 척을 포함해서 모두 4척의 상선이 공격을 받아 배에 구멍이 나는 사건이 발생했는데, 물론 이란은 자신들이 한 일이 아니라고 했지만, 미국은 즉각적으로 이란 소행이 분명하다는 공식 입장을 내놓았다.

5월 13일, 〈뉴욕 타임스〉는 국방부 장관 대행인 패트릭 섀너핸Patrick M. Shanahan이 이란이 미군을 공격하거나 핵무기 개발을 계속 진행할 경우 최대 12만 명의 미군 병력을 중동에 파견하겠다는 군사 계획을 트럼프 행정부에 제출했다고 보도했다.

공격을 받아 화염에 휩싸인 사우디 유조선(사진 출처-AP)

다음 날 도널드 트럼프는 중동에 보낼 병력은 12만 명이 아니라 그보다 훨씬 많을 것이라고 기자들 앞에서 발표했다. 그러자 이란 정부 관계자도 미국이 움직이면 우리도 그들의 머리를 칠 것이라고 응수했다. 그야말로 가시 돋친 설전이 연일 이어지고 두 나라 사이의 위기감은 더욱 고조되었다.

5월 14일, 사우디아라비아의 동부 유전 지대에서는 석유 수출항을 잇는 송유관을 겨냥한 드론 공격이 발생했다. 사우디아라비아는 곧바로 이 공격의 배후로 이란을 지목했다.

5월 15일, 미 국무부는 성명을 내고 이라크 주재 '미국 대사관에서 긴급 업무 담당자를 제외한 직원들은 상업 운송 수단을 이용해 가능한 한 빨리 철수하라'고 권고한다.

드론 공격을 받았다는 사우디아라비아 에너지 장관의 보고 이후 유가가 급등했다는 CNN 기사

중동에서 곧 전쟁이 일어날지도 모른다는 분위기가 점점 더 짙어졌다. 같은 날 아미르 하타미Amir Hatami 이란 국방부

장관은 관영 언론을 통해 "이란은 어떠한 위협과 과한 요구에도 맞설 수 있고 최고 수준의 군사적 대비 태세 갖추고 있다"고 말했다. 이란 혁명수비대의 호세인 살라미Hossein Salami 사령관은 "적과 전면 대결이 임박한 상황"이라며 전쟁 분위기에 더욱 부채질했다. 이란 군부 내에서 가장 영향력 있는 거셈 솔레이마니Qasem Soleimani 이란 혁명수비대 쿠드스군 사령관도 이라크 바그다드에서 현지의 민병대원들을 대상으로 "전쟁에 대비하라"고 명령했다.

5월 17일, 이란 〈파르스 통신〉에 따르면 이란 정예군 혁명수비대의 모하마드 살레 조카르Mohammad Saleh Jokar 부사령관은 "이란의 단거리 미사일로도 중동 걸프만의 미 군함을 쉽게 타격할 수 있다. 미국은 중동 지역에서 새로운 전쟁을 일으킬 능력이 없다"며 미군을 조롱하기도 했다.

5월 19일, 도널드 트럼프 대통령은 "이란이 싸우길 원한다면 이란의 공식적인 종말이 될 것이다. 그러니 더 이상 미국을 조롱하지 마라"고 트위터에 글을 올렸다. 그리고 같은 날 19일에 〈워싱턴 포스트〉와 〈뉴욕 타임스〉 등에 따르면 페르시아만 상공 일대에 미국이 안전주의보를 발령하고, 미국과 중동 지역 주요 국가가 이란, 이라크에서의 자국민 철수를 권고했다는 소식이 신문 첫 페이지를 장식했다.

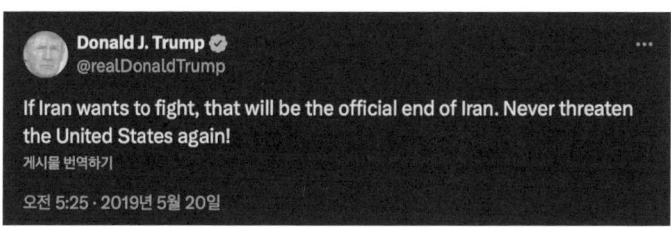

이란이 싸우길 원한다면 이란의 공식적인 종말이 될 것이다-트럼프의 트위터

    동시에 미국과 이란은 국제 사회에서 자기편을 만들어 끌어모으기 시작했다. 미국은 이미 사우디아라비아를 포함해 아라비아반도 주변 여러 국가에 미군 배치를 요청했고, 해당 국가들은 이를 승인한 상태였다.

    이렇게 중동에서의 전쟁 위기 긴장감이 최고조로 올라가자 유가는 요동을 치기 시작했다. 뉴욕상업거래소NYMEX에서 6월 인도분 서부 텍사스산 원유는 전일 대비 1.4퍼센트 상승한 배럴당 62.87달러로 장을 마감했고, 영국 브렌트유도 비슷한 시각 1.3퍼센트 오른 배럴당 72.73달러에 거래되었다. 이런 상황이 지속된다면 그해 여름 유가는 배럴당 100달러까지 오를 수 있다는 전망이 나왔다.

    상황이 더 심각해질지, 이런 상태가 계속 유지될지, 최고의 긴장 관계가 누그러지게 될지는 아무도 알 수가 없었다. 이란은 절대로 핵을 포기하지 않겠다고 선언하고, 미국은 그런 이란을 절대로 두고만 보지 않겠다는 것에 변함이 없다면 또는 충돌 직전까지 가는 긴장 관계가 잠시 누그러질지라도 근본적인 문제가 해결되지 않는 한 미국과 이란은 전쟁의 대척점에 선 것이나 마찬가지다.

호르무즈 해협

10

전쟁이 나면…

그렇다면 미국과 이란이 극한 상황까지 치달아 군사적 충돌로 이어지게 되면 어떻게 될까?

미국 언론들은 미국과 이란의 군사적 충돌을 1991년 1월에 벌어진 미국과 이라크의 전쟁에 비교한다. 하지만 이란은 이라크와는 상황이 많이 다르다.

이란은 이라크와 비교할 수 없을 만큼 만만한 상대가 아니다. 그럼에도 불구하고 미국의 공격을 받으면 이란은 어떻게 대응할까? 우선 이란의 미사일은 미국까지 날아갈 수가 없다. 그렇다면 당연히 이란의 미사일은 이스라엘을 향할 것이다. 그동안 미국의 도널드 트럼프 대통령은 이스라엘과 아주 가까운 동맹국으로 예루살렘을 이스라엘의 수도라고 선언했을 뿐만 아니라 실제로 미국 대사관을 텔아비브에서 예루살렘으로 옮겼고 골란고원 역시 이스라엘의 주권 아래 있는 것이 맞다고 이야기했었다. 이란은 미국 본토를 공격하지 못할 바에는 차라리 이스라엘을 공격하는 것이 미국을 공격하는 것과 같다고 생각할 수 있다.

2019년 5월 12일, 이스라엘의 에너지 수자원 장관인 유발 슈타이니츠Yuval Steinitz는 이란과 미국의 대립이 격화되면 이란이 이스라엘에 대해 직접적 또는 지원하는 무장 세력을 개입해 공격할 가능성이 크다고 말했다. 그는 "이란과 미국 사이 혹은 이란과 이웃 나라 사이에 어떠한 충돌이 일어나면, 이란은 팔레스타인 가자 지구에서 헤즈볼라나 이슬람 지하드 등 무장 테러 조직을 활성화하고 이란에서 이스라엘을 향해 미사일을 발사할 가능성도 배제할 수 없다"고 말했다.

이스라엘의 북쪽에는 레바논과 시리아가 있고, 레바논 남쪽에는 이란의 군사적·재정적 지원을 받고 있는 헤즈볼라가 있다. 시리아에는 이란의 군사 기지가 12개나 있으며 그 군사 기지에서는 이스라엘을 향한 미사일 기지들이 자리 잡고 있다.

이스라엘의 주요 언론 매체인 〈타임 오브 이스라엘Times of Israel〉에 따르면 이란은 시리아에 최소한 10개 이상의 군사 기지를 설치해 놓았다고 한다. 그중 3개는 지휘 사령부, 나머지 7개는 전술 기지인데 실제로 언제든지 이스라엘을 공격할 수 있도록 시리아 남쪽 국경 부근에 설치했다고 한다. 2017년 영국의 BBC 방송도 이란이 시리아 내에 영구적인 군사 기지를 건설 중이라고 자세히 보도하였다.

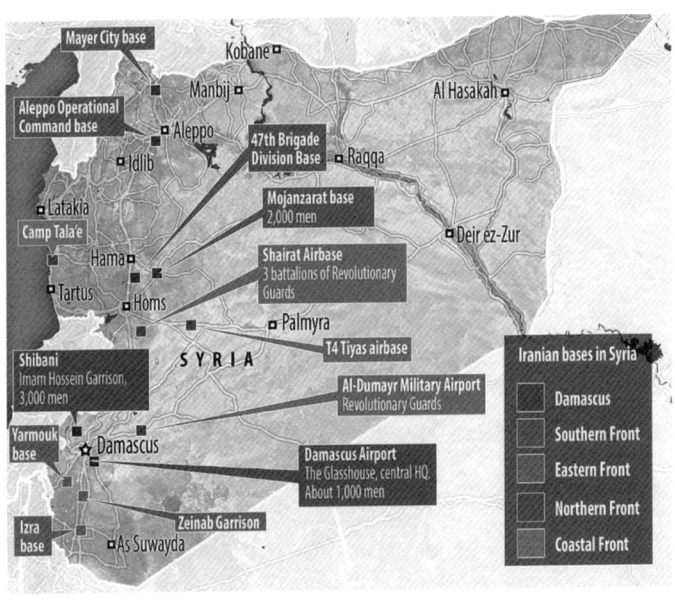

시리아 내의 이란 군사 기지

이란과 미국이 전쟁한다면 이는 단순히 미국과 이란의 전쟁이 아니다. 이란은 언제든지 레바논의 헤즈볼라를 통해 시리아의 이란 군사 기지를 이용하여 이스라엘을 공격하고 가자 지구의 하마스도 이스라엘을 향해 끊임없이 로켓포를 쏘아대는 확전 가능성을 충분히 예측할 수 있다.

2018년, 이란 최고 지도자 아야톨라 알리 하메네이는 자신의 트위터에 이런 글을 올렸다.

"이스라엘에 대한 우리의 입장은 언제나 동일하다. 이스라엘은 서아시아 지경의 악성 종양이다. 이스라엘은 제거되어야 하고 없어져야 한다. 이것은 가능하며 또한 실현될 것이다."

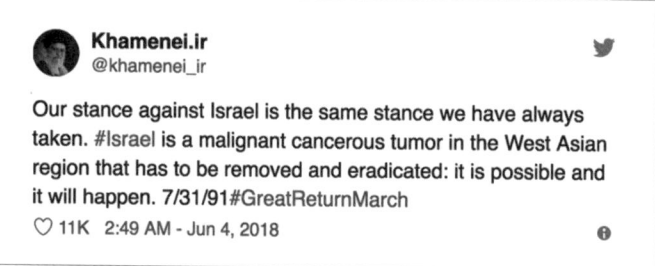

아야톨라 알리 하메네이의 트위터

그래서일까? 2019년 5월 14일, 이란 의회의 베호루즈 네마티 대변인은 5월 12일에 아랍 에미리트 인근 해상에서 사우디아라비아 유조선을 폭탄 공격을 한 것은 이란이 아니라 이스라엘의 소행이라고 주장했다. 물론 그는 그의 주장을 뒷

받침할 만한 아무런 근거도 제시하지 않았다.

5월 15일, 〈예루살렘 포스트〉의 전 편집장이자 《시리아의 핵발전소를 없애는 이스라엘 내부의 비밀 임무*Inside Israel's Secret Mission to Eliminate Syrian Nuclear Power*》라는 책의 저자인 야콥 카츠Yaakov Katz는 미국의 〈워싱턴 포스트〉에 '이란의 핵 프로그램을 막는 것은 이스라엘의 손에 달려 있다'는 칼럼을 기고했다. 이 글에서 야콥 카츠는 "이스라엘이 다른 나라의 핵 프로그램에 대한 선제적 행동을 고려하려면 두 가지 기준을 충족해야 한다. 그 나라는 이스라엘의 적 중 하나여야 하며 언젠가는 이스라엘을 향해 핵무기를 사용할 가능성이 있

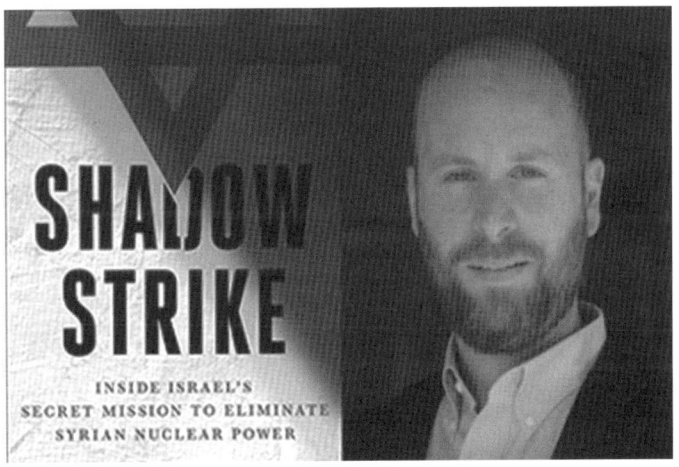

《시리아의 핵발전소를 없애는 이스라엘 내부의 비밀 임무》 책 표지와 저자 야콥 카츠

어야 한다. 시리아와 이라크는 둘 다 그 기준에 적합하다. 이란도 마찬가지다. 오늘날 이란군은 이스라엘이 이란의 장거리 탄도 미사일 사정권 안에 있다고 자랑한다. 미국은 사정권 안에 있지 않다. 그렇기 때문에 지난주 이란의 공식 발표가 있었던 만큼 이스라엘의 다음번 공격이 멀지 않을 수도 있다"라고 말했다.

이스라엘과 중동은 이렇게 풍랑의 한가운데를 향해 돌진하고 있는 형국이다.

11

이란의 거짓말 그리고 끝 모를 추락

여러모로 미국과 이란은 곧 전쟁을 할 것만 같고 또 그렇게 예상했다. 하지만 모두 어긋났다. 1979년에 이란은 이슬람 혁명 성공 이후 가장 큰 위기에 봉착했기 때문이다. 그야말로 이슬람 시아파 종주국의 위상이 무너지고 국가가 파멸될 상황에 비견될 만큼 위기로 치닫기 시작했다.

2019년의 추운 겨울, 도대체 이란에서는 무슨 일이 있었던 것일까? 이란 정부는 미국의 제재로 석유 수출길이 막히면서 늘어만 가는 재정 적자를 메우기 위해 이 같은 방법을 선택했다. 2019년 11월 15일, 모두가 잠든 한밤중에 휘발유 가격을 50퍼센트 전격 인상했다. 뿐만 아니라 한 달에 60리터 이상 휘발유를 구입하면 누진세까지 적용해 더 비싸게 팔겠다고 발표했다.

세계 최대 산유국 중 하나이며 물값보다 휘발윳값이 더 싸다고 하는 이란이 왜 휘발윳값을 올리면서 국민 경제를 더욱 어렵게 하는 것일까? 이 점을 이란 국민도 도무지 이해할 수가 없었다.

이란 국민은 오랫동안 꾹 눌러 왔던 감정을 터뜨리면서 "도저히 이렇게는 못 살겠다. 도대체 정부는 무슨 생각으로 휘발유 가격 인상 정책을 내놓는 것인가?"라며 정부 발표가 있던 날부터 본격적인 항의 시위가 벌어졌다.

이란 국민의 성난 민심은 정부 퇴진을 요구하며 크고 작은 시위를 이어갔고 이란 정부는 가차 없이 강경 진압을 하면서 사상자가 속출했다. 이란 정부는 공식적으로 발표하지 않았지만 인권단체인 국제앰네스티Amnesty International에 따르면, 이란 경찰이 시위대를 향해 실탄을 발사해 시위가 시작된 지 일주일 만에 최고 115명이 사망했다고 밝혔다. 〈뉴욕 타임스〉는 최소 180명이 숨졌고 최대 450명 이상이 될 수 있다고 보도했다. 〈로이터 통신〉은 시위 시작 후 2주 동안 약 1천5백여 명이 숨졌다는 보도까지 내놓았다. 또한 이란 반정부 단체와 현지 언론 등에 따르면 당시 시위로 인해 발생한 부상자는 최소 2천 명에 달하고 7천여 명이 구금된 것으로 알려졌다.

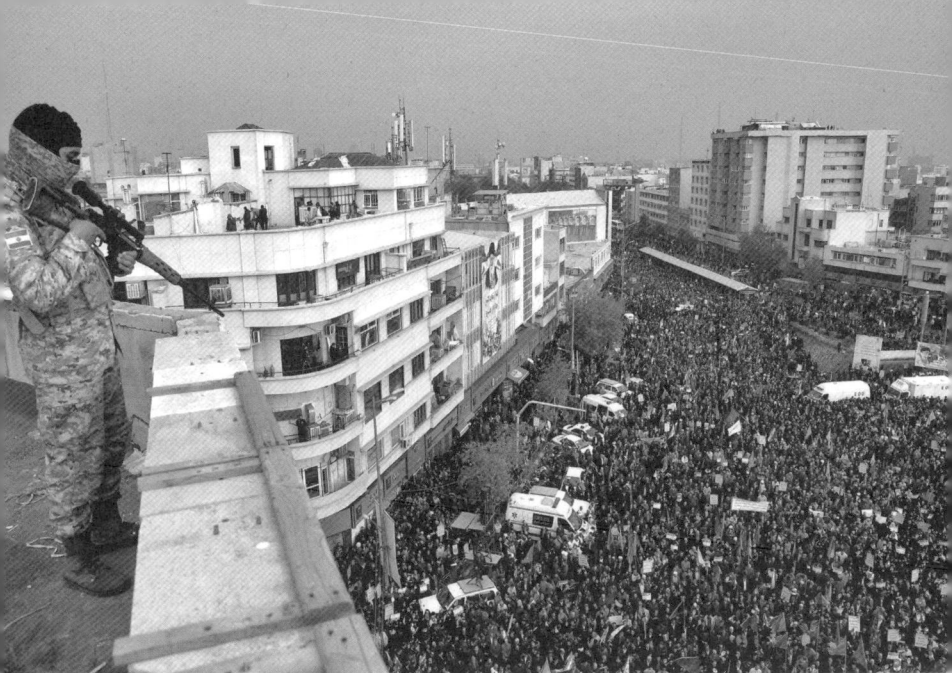

7천 명이 체포되고 143명이 사망한 이란의 시위 현장 (사진 출처-Times of Israel)

　이런 소식들은 이란 정부가 인터넷과 모든 사회관계망서비스를 차단하면서 이란 전역에서 인터넷 접속률이 평소 수준에 비해 4퍼센트밖에 되지 않았기 때문에 외부 세계로 구체적으로 알려지지 않았다. 그러니 전 세계는 이란에서 무슨 일이 일어나는지 모를 수밖에 없다.
　이란 정부가 이번 시위에 따른 사상자와 구금자에 대한 구체적인 내용 확인을 거부하고, 압둘레자 라흐마니 파즐리 이란 내무 장관은 시위에 따른 피해 규모만 발표했다.
　파즐리 장관은 시위가 이란 전국의 29~31개 주에서 발생했으며, 군 기지 50곳이 공격당했고 은행 731곳, 공공기관 10곳, 종교 시설 9곳, 주유소 70곳, 승용차 307대, 경찰차 183대, 구급차 34대 등이 파손됐다고 밝혔다.

2019년 이란에서 벌어진 시위로 불타 버린 주유소(사진 출처-위키피디아)

이란에서 전국적으로 대규모 시위가 일어난 이유는 단지 휘발윳값을 인상했다는 것만이 아닐 것이다. 앞서 설명했듯이 2018년 미국의 도널드 트럼프 정부의 이란에 대한 경제 제재로 인해 이란의 경제는 그야말로 곤두박질쳤으며 안 그래도 먹고 살기 어려웠던 이란 국민은 더더욱 어려움을 겪을 수밖에 없는 상황이었다.

2019년 이란의 겨울은 유난히 더 추웠다(사진 출처-위키피디아)

 이때에도 이란 국민은 "우리는 핵이 필요한 게 아니라 당장 먹고 살길이 막막하다. 왜 정부는 이란 국민의 생존권을 걸고 핵을 고집하느냐"며 극렬하게 반대해 왔었다. 그러던 차에 휘발윳값마저 한 번에 50퍼센트나 인상하자 그동안 꾹꾹 눌러왔던 불만이 동시에 터져 버린 것이다. 이란 국민은 하산 로하니가 집권하는 정부에만 불만을 표출한 것이 아니었다.

 시위대를 폭도로 규정하고 강경 진압 명령을 한 이란 최고 지도자 아야톨라 알리 하메네이에 대해 적대감도 나타냈다. 하메네이는 정부의 유가 인상 결정을 적극 옹호했을 뿐만 아니라 이번 시위를 미국이 사주한 공작이라고 주장하면서 강경 진압을 정당화했다.

결국 이란 대통령 하산 로하니, 최고 지도자 아야톨라 알리 하메네이에 대한 불만은 걷잡을 수 없는 대규모 시위가 되어 광풍처럼 이란 전역을 휩쓸었다.

〈뉴욕 타임스〉에 따르면 이란에서 이런 규모의 반정부 시위는 1979년 일어난 이슬람 혁명 이래 가장 큰 규모이며 이란은 최악의 위기를 맞이했다고 보도했다. 그야말로 정권의 위기, 최고 지도자 하메네이의 권위에 대한 도전으로 풍전등화 같은 상황에서 이란 정부는 이 시위를 잠재울 묘수를 생각해 냈다. 바로 미국을 향한 공격이었다.

12

미국을 향한
이란의 공격

2019년 12월 27일, 이라크 중북부 키르쿠크의 군 기지에 로켓포가 날아와 미국인 1명이 숨지고 미군과 이라크 군인 여러 명이 부상당하는 일이 발생했다. 미국은 테러의 배후로 이란의 지원을 받는 이라크 내의 시아파 민병대의 소행이라고 판단했다.

    이란은 자신들이 직접 공격을 주도한 것은 아니지만 이라크 내 친이란 무장 단체를 이용해 미국의 심기를 건드려 싸움을 걸어보자는 계산이었다. 이란의 이런 계산이 맞아떨어진 것일까?

    일주일 뒤 2020년 1월 3일, 미국은 무인 공격기 드론을 이용해 이라크를 방문 중인 이란의 혁명수비대 군사령관 거셈 솔레이마니를 제거하였다. 미국은 단지 미국인이 사망했다는 이유로 솔레이마니를 제거한 것이 아니라 솔레이마니가 다섯 곳의 미국 대사관을 공격할 계획을 세웠다는 것이 제거의 이유라고 밝혔다.

거셈 솔레이마니

이란은 미국을 향해 비난의 화살을 쏟아부었고 이란의 모든 이슬람 사원에는 피의 보복을 예고하는 붉은 깃발이 게양되었다. 이란의 최고 지도자 아야톨라 알리 하메네이도 솔레이마니의 장례식에서 눈물을 보이며 미국에 대한 강력한 보복을 다짐했다. 그러자 이란 시위대는 정부가 원하는 방향으로 바뀌기 시작했다.

거셈 솔레이마니 장례식장에서 눈물을 흘리는 하메네이

솔레이마니 장례식에 모인 이란 시민들

　불과 며칠 전만 해도 하산 로하니와 하메네이를 향해 물러가라고 외치던 이란 시위대는 이제는 반미를 외쳤고 미국의 성조기와 트럼프 대통령 사진이 시내 곳곳에서 불태워졌다.
　반정부 시위에 나섰던 이란 국민의 시선을 한꺼번에 다른 쪽으로 돌리는 데 성공한 것이다. 테헤란 거리마다 솔레이마니의 죽음을 애도하며 미국을 규탄하는 시위대가 몰려들자 이란 정부는 지난 며칠 동안 차단했던 인터넷과 사회관계망서비스(SNS)를 다시 풀었고 이런 반미 시위가 전 세계에 알려지기 원했다. 덕분에 전 세계 사람들은 이전에 있었던 이란 반정부 시위 소식에 대해서는 전혀 몰랐지만, 반미 시위는 각종 뉴스와 영상을 통해 알게 되었다.

　이 정도면 이란 정부의 작전과 의도가 어느 정도 성공한 것처럼 보인다. 자신감을 얻은 이란은 이때다 싶어 이라크에 있는 미군 기지를 향해 미사일도 몇 발 날렸다. 그런데 문제가 생겼다. 이란이 미군 부대를 향해 미사일을 발사하던 2020년 1월 8일 새벽, 이란의 수도 테헤란 공항에서 우크라이나 소속 민간 여객기가 이륙한 지 2분 만에 공중에서 폭발해 승객 176명이 모두 사망한 사고가 난 것이다.

이란의 공격으로 추락한 우크라이나 여객기 잔해

여객기 폭발 사고 소식이 나오자마자 이란 정부는 자기들과는 아무 관련이 없다고 극구 부인하면서 오히려 미국을 비난했다. 하지만 시간이 지난 후에 사고의 원인이 서서히 드러나기 시작하면서 또다시 상황은 반전을 거듭했다.

미국과 캐나다에서는 폭발한 우크라이나 항공기는 이란의 미사일에 의해 격추된 것으로 보인다고 발표했다. 그러자 이란 정부의 대변인은 미국과 캐나다가 거짓말하는 것이며 오히려 이를 심리전으로 이용하고 있다고 맞섰다.

며칠 뒤 우크라이나 여객기가 폭파되는 순간이 촬영된 동영상이 인터넷과 사회관계망서비스를 통해 급속도로 퍼져 나가기 시작했다. 이 동영상에는 이란에서 발사된 두 발의 미사일이 여객기를 격추해서 여객기가 공중에서 폭발하고 추락하는 장면이 고스란히 담겨 있었다. 이 결정적인 장면이 퍼져나가자 이란 정부는 더 이상 버틸 수가 없었다.

결국 2020년 1월 11일에 이란 합동참모본부는 '적기로 오인한 의도치 않은 실수로 격추된 것'이라고 우크라이나 여객기 격추를 인정하는 성명을 발표하였다. 불과 몇 분 전까지만 해도 우크라이나 여객기 격추는 소문에 불과하며 어디까지나 음모론적인 심리전에 불과하다고 강력히 반발하다가 결국 사고 사흘 만에 인정하였다.

그러면서도 "사고가 난 비행기는 테헤란 외곽의 민감한 군사 지역 상공을 통과하고 있었다", "미국의 모험주의가 일으킨 위기 상황이다"라고 하면서 책임 회피에 급급했다. 사고는 이란 혁명수비대가 이라크 내 미군 기지를 공격한 이후 경계 상태를 유지하던 중 우크라이나 여객기를 적기로 오인해 격추한 것으로 드러났다. 상황은 또다시 급반전되었다.

이란 시위대에 불타는 하메네이 사진 (사진 출처-NCRIS)

이런 과정을 지켜본 이란 국민은 정부에 대해 극심한 배신감을 느끼고 분노하기 시작했으며 불과 하루 전만 해도 반미 시위를 하다가 또다시 반정부 시위로 바뀌기 시작하였다.

영국 일간지 〈가디언〉에 따르면 이란 혁명수비대가 우크라이나 여객기 피격을 밝힌 당일에는 수천 명의 대학생이 모여 집회를 열었다고 한다.

시위는 이란의 수도 테헤란을 비롯해 시라즈, 이스파한, 하메단, 우루미예 등으로 번져 나갔고 이란의 반정부 단체인 국민저항위원회에 따르면, 최소 17개 주로 확산되어 시위가 펼쳐졌다고 한다.

여객기 희생자 176명 중에는 63명의 캐나다인도 있었지만, 82명의 이란 사람도 포함되어 있었다. 이란 국민도 이 여객기를 자주 이용하기 때문에 이란 국민의 충격은 더욱 컸을 것이다.

시위대는 도로에서 '이란 정부는 부끄러운 줄 알라', '거짓말쟁이에게 죽음을' 등의 구호를 외치며 여객기 격추라는 초유의 사고를 일으킨 혁명수비대와 정부를 비판했다. 불과 며칠 전만 해도 '미국에 죽음을'이라고 외치던 대학생들이 이제는 '거짓말쟁이에게 죽음을'이라는 구호를 외치고 있었다. 여기서 거짓말쟁이는 바로 이란 최고 지도자 아야톨라 알리 하메네이를 지칭한다. 심지어 이란의 최고 존엄이라 할 수 있는 아야톨라 알리 하메네이의 초상화까지 찢고 불에 태우는 일까지 벌어졌다.

이란의 초대 최고 지도자였던 아야톨라 루홀라 호메이니는 자신이 천 년 전에 자취를 감춘 열두 번째 이맘 마흐디이며 이슬람의 메시아가 세상을 구하러 다시 올 때까지 최고 지도자가 그 역할을 대신한다고 주장해 왔었다. 그러니 아야톨라 루홀라 호메이니의 뒤를 이은 두 번째 최고 지도자 아야톨라 알리 하메네이를 비난하거나 공격한다는 것은 곧 신에 대한 공격을 의미하는 것과 다를 바 없었다.

하메네이의 최고 권위는 종교에만 머무르지 않는다. 이란에서 최고 지도자의 위치는 국가 원수이자 국군 통수권자로서의 권위를 갖는다. 직접 선거로 선출되는 대통령이 있기는 하지만 경제, 환경, 외교 등에서 중요한 결정은 하메네이 최고 지도자의 재가를 받아야 한다. 사법부를 비롯해 정규군과 혁명수비대 수장 임명권도 갖고 있으며 대통령 후보를 선정하고 의회 결정을 최종 승인하는 헌법수호위원회 위원 12명을 임명하는 권리도 갖고 있다.

종교적으로도 알라신 다음의 위치에서 최고의 존엄을 갖고 정치적으로도 무소불위의 엄청난 권력을 가진 존재가 바로 아야톨라 알리 하메네이다. 즉 알라신 밑으로 인간 중에서는 가장 높은 권위를 가진 존재로 가톨릭의 교황이나 다름없다. 전 세계 가톨릭 신자들이 신의 대리인인 교황을 향해 '그 자리에서 내려와라, 가만두지 않겠다'라고 외치는 것과 별반 다르지 않은 일들이 이란에서 벌어진 것이다.

이런 엄청난 존재에게 반항하거나 그 사진을 공개적인 자리에서 찢고 불태운다는 것은 이슬람 국가 이란에서는 상상할 수도 없는 일이었다. 이란 경찰은 시위대를 향해 최루가스와 고무탄은 물론이고 일부에서는 실탄까지 발사하며 강경하게 대응했다.

당시 미국의 대통령이었던 도널드 트럼프는 이란의 철강, 알루미늄, 구리 등 금속산업을 새로운 제재 대상으로 삼겠다고 선포하였다. 경제 제재의 고삐를 쥐어틀겠다는 것이다. 이란에서는 매일매일 자고 일어나면 식료품값이 올라가고 휘발윳값이 올라갔으며 물가 상승률은 자그마치 40퍼센트나 되었다. 이란의 기업들도 줄줄이 파산했다.

이란 기업의 절반이 은행 대출금을 갚지 못했고 실업률 또한 30퍼센트에 육박했다. 국제통화기금IMF에 따르면 2019년 이란의 실질 국내총생산 GDP 성장률은 -9.5를 기록했다. 이런 상태라면 이란 국민에게는 그 어떤 희망도 찾을 수 없는 악몽 같은 날들만 펼쳐지게 될 것이다.

　이런 상황에서 과연 이란 정권이 유지될 수 있으며 종교 지도자의 권위가 유지될 수 있을까? 이란 국민은 도무지 살 수가 없다고 아우성치며 정부를 향해 그리고 종교 지도자 하메네이를 향해 연일 시위를 이어갔다. 이슬람 시아파 종주국은 끝도 모를 절벽으로 곤두박질쳤다.

　정권도 무너지고 군부도 무너지고 경제도 무너지고 이슬람의 권위도 무너졌다. 이는 단지 그럴 것이라는 추측이 아니라, 실제로 영국의 〈파이낸셜 타임스〉는 2020년 1월 13일 기사에서 이란 정권의 종말이 다가오고 있다고 보도했고, 제임스 존스 전 백악관 국가안보회의 보좌관은 12일 〈CNBC〉와의 인터뷰에서 이란 정권은 1979년 이슬람 정권 수립 이후 최악의 상황이며 붕괴에 가까워지고 있다고 밝혔다.

　심지어 이란의 국립대인 사히드베헤스티대학의 사이드 레이즈 교수는 이번 사태가 체르노빌 폭발 사고를 은폐하려 했던 구소련이 붕괴한 것과 똑같은 모습이라고 했다. 이란은 그야말로 극도의 혼돈 속으로 빠져들고 있었다.

13

지금 이스라엘은
사이버 전쟁 중

2020년 5월 12일, 〈예루살렘 포스트〉는 이스라엘의 기업, 정치 단체, 개인이 운영하는 인터넷 홈페이지 3백여 개가 해킹당했다고 보도했다. 해킹당한 홈페이지에는 '매우 놀랄 준비를 하라. 이스라엘 파멸의 초읽기가 오래전에 시작되었다'라는 문구가 영어와 히브리어로 나타났고 이스라엘의 가장 큰 경제 도시 텔아비브가 폭발하고 베냐민 네타냐후 총리가 불타는 도시의 물속에서 피를 흘리며 헤엄치는 동영상도 함께 올라왔다.

이스라엘 내의 사이버 보안 업체인 체크 포인트Check Point는 인터넷 해킹은 터키, 북아프리카, 팔레스타인 자치 지역인 가자 지구 등의 무슬림 해커들이 공격한 것이라고 분석했다. 53주년 예루살렘의 날 경축 행사에 맞춰 이뤄진 이번 해킹의 배후에는 이란이 있을 것으로 이스라엘 정보국은 추측했다. 왜냐하면 이스라엘을 향한 이란의 사이버 공격은 이번이 처음은 아니기 때문이다.

이스라엘 기업의 홈페이지에 나타난 불타는 텔아비브와 피 흘리는 베냐민 네타냐후

2020년 4월 8일, 이스라엘 중부에 있는 양수장의 펌프 몇 대가 저절로 꺼졌다가 켜지기를 반복하는 오작동을 일으킨다는 컴퓨터의 경고 사인 불빛이 깜박였다. 양수기는 원래 세심한 주의를 기울여야 하는 까다로운 장비이고 전에도 가끔 이런 현상이 발견된 적이 있었다. 그때마다 간단한 처치만으로도 원상복구가 되었기 때문에 담당자들은 단순한 기

기 이상으로만 여겼다. 하지만 얼마 지나지 않아 조사관들은 불길한 징조를 발견했다.

이란어로 쓰인 암호 한 개가 출처를 감추기 위해 전 세계를 돌아다니다가 미국과 유럽의 서버를 거쳐 마침내 이스라엘의 이 양수장 펌프를 작동시키는 소프트웨어 제어기에까지 들어온 것이다.

조사관들에 따르면 해커들은 정수장의 컴퓨터 두 대를 조작해서 이스라엘 가정에서 사용하는 식수에 첨가되는 염소의 양을 과다하게 늘리는 것을 시도했다고 말했다. 염소는 수돗물을 소독하는 데 사용하지만 농도가 높으면 이 물을 사용하는 사람들과 이 물이 공급되는 농장의 농작물에 치명적일 수밖에 없다.

다행히 이 공격은 실패로 돌아갔지만, 이스라엘 전 국민이 위험해질 수 있는 섬뜩한 상황이었다. 만약 화학물질이 과잉 검출될 경우 안전장치가 작동해 양수장이 정지되면 이스라엘은 그야말로 폭염 속에 수만 명의 민간인이 고통을 당하고 농장의 작물이 말라 죽는 대참사가 벌어질 수도 있었다. 그러나 천만다행으로 사이버 공격이 실패하면서 끔찍한 대참사는 막을 수 있었다.

이스라엘 군부대가 아닌 민간인들이 마시고 사용하는 식

수와 생활용수를 대상으로 테러가 시도되었다는 것만으로도 이스라엘은 긴장할 수밖에 없었다. 그런데 이스라엘은 이 사이버 공격이 무슨 근거로 이란의 소행이라고 단정지었을까? 이스라엘 관리들이 양수장의 컴퓨터에 침입한 악성코드가 이란 혁명수비대의 공격용 사이버 유닛Cyber Unit 중 하나에서 나왔다는 사실을 발견했기 때문이다.

사실 그동안 이란과 이스라엘 양국은 민간 인프라는 서로 피해를 주지 않았지만, 이스라엘 국민의 식수에 사이버 테러라는 위험한 시나리오의 첫 페이지를 작성한 셈이다. 다른 나라도 아니고 세계 최강의 사이버 전력을 갖춘 이스라엘을 건드린 것이다.

과거에도 이스라엘은 적국으로부터 미사일 공격이나 민간인을 향한 테러가 발생하면 눈에는 눈 이에는 이, 한 대 맞으면 두세 배 더 보복했었다. 이번 사이버 공격 역시 예외일 수 없었고 이스라엘의 반격이 시작되었다. 이란의 이스라엘 양수장에 대한 사이버 공격이 있은 지 얼마 후인 5월 9일에 중동 호르무즈 해협에 위치한 이란의 샤히드 라자이Shaheed Rajaei 항구의 컨트롤 타워가 정체불명의 해커로부터 사이버 공격을 받았다.

이곳은 이란의 중요한 선박 터미널 중 하나로 물동량이

꽤 많은 곳이다. 선박 운항, 자동차 통행, 물류를 관장하는 컴퓨터가 일순간에 마비되면서 항구로 향하는 바닷길과 육로에는 엄청난 정체가 일어나기 시작했다. 물론 이스라엘 정부는 자신들이 한 것이라고 인정하지는 않았지만, 미국을 포함한 다른 나라들과 알 만한 사람들은 이스라엘의 보복성 공격으로 판단하였다.

보도에 따르면 이번 사이버 공격은 매우 주도면밀했으며, 이란이 발표한 것보다 피해가 훨씬 심각할 뿐만 아니라 해당 항구의 컴퓨터 시스템이 완전히 무너졌다고 말했다. 〈워싱턴 포스트〉가 당시 위성사진을 확인한 결과 5월 9일에는 항구에 진입하지 못한 선박들이 길게 늘어섰고, 12일에도 연안에 컨테이너를 실은 10여 척의 배가 목격됐다고 보도했다.

이에 이란 정부는 시스템 내부에 침투하려는 시도가 있었지만, 항만 내 몇 개의 민간 운영 시스템만 피해를 입었을 뿐 자신들의 피해는 얼마 되지 않고 이스라엘의 사이버 공격 시도는 실패했다고 발표했다.

그리고 또다시 5월 12일, 이번에는 이란이 이스라엘 텔아비브에 위치한 기업과 개인 그리고 정치 단체의 홈페이지에 협박성 글과 베냐민 네타냐후 총리가 피를 흘리며 헤엄치는 동영상을 올리면서 해킹을 시도했다. 이란은 이스라엘을 상대로 사이버 전쟁에서 절대로 승리할 수 없다. 이스라엘은 사이버 보안, 사이버 방어 능력이 전 세계에서 가장 뛰어난 나라이고 세계가 두려워하는 8200부대와 국가 사이버국이라는 조직이 있기 때문이다.

이스라엘은 1948년에 건국하자마자 주변 아랍 국가들과의 독립 전쟁을 끝낸 이후 국가 안보에서 정보 수집의 중요성을 절감하며 1952년에 8200부대라는 사이버 전담 팀을 만들었다. 8200부대의 명칭은 창설 당시 동유럽 출신 유대인 8명과 이라크 출신 유대인 2백 명으로 구성되었다고 해서 붙여진 이름이다. 70여 년 전부터 이스라엘은 미래의 전쟁은 미사일과 총알이 날아다니고 폭탄이 터지는 것이 아니라 사이버 전쟁이 될 것을 예측하고 사이버 전담 팀을 군부대 내에 설치한 것이다.

8200부대에 들어가기 위해서는 치열한 경쟁을 해야 한다. 수학, 과학, 공학, 컴퓨터 프로그래밍에 능한 이공계 수만 명의 우수한 두뇌 중에서도 실제로 입대하는 젊은이는 극소수다. 뛰어난 두뇌와 컴퓨터에 능숙한 젊은이들로 구성된 곳이 바로 8200부대다.

기술과 능력을 오랜 세월 축적하며 발전시킨 사이버 전담 팀 8200부대의 진가는 2007년에 시리아의 핵 의혹 시설을 이스라엘 공군이 공습하는 과정에서 드러났다. 당시 미국 정부는 이스라엘이 지목하는 시리아의 해당 건물이 핵 시설이라고 판단할 만한 결정적 증거가 없다는 이유로 이스라엘군의 공습 요청에 시큰둥한 반응을 보였다.

하지만 이스라엘 정보기관 모사드는 8200부대가 수집한 여러 정보를 이용해 요원들, 즉 스파이를 이란의 핵 시설에 잠입시켜 내부 사진을 찍어왔고, 해당 시설이 북한 방식으로 설계되어 있다는 점을 밝혀냈다. 그리고 이스라엘은 주저 없이 그 핵 시설을 공습했다.

이스라엘의 8200 사이버 부대(사진 출처-예루살렘 포스트)

8200부대의 뛰어난 활약상 중 하나가 바로 웜 바이러스 Worm Virus를 만들어 퍼트린 것이다. 웜 바이러스란 컴퓨터 시스템을 파괴하거나 작업을 지연 또는 방해하는 악성 프로그램으로 컴퓨터에 근거지를 둔 지렁이 같은 기생충이라는 의미의 악성 프로그램이다.

2010년 당시 이란의 핵발전소 설비는 고장이 잦았다. 이란 정부는 발전소 설비의 사소한 고장으로만 알고 1년 넘게 오류를 찾느라 고생했지만, 이는 스턱스넷Stuxnet이라고 불리는 산업 시설 파괴 전문 악성 소프트웨어(웜 바이러스)가 이란의 우라늄 농축 시설에 은밀히 침투해서 벌어진 일이었다.

이란 당국이 이러한 점을 알아냈을 때는 이미 핵 시설은 무력화된 상태였고 이 사건으로 이란의 핵 개발이 수년간 지연될 수밖에 없었다. 그때 당시 스턱스넷이라는 이름의 웜 바이러스에 감염된 전 세계 컴퓨터 중에 58.85퍼센트가 이란에 소재한 컴퓨터였고, 이란의 중요 목표인 부셰르Bushehr 원자력 발전소 또는 나탄즈Natanz에 있는 우라늄 농축 시설들을 공격하기 위해 만들어진 바이러스라고 판단하였다.

원래 이란의 나탄즈 우라늄 농축 시설이 있는 장소는 외부의 사이버 공격을 막기 위해 인터넷이 연결되지 않은 곳이다. 그런데 이스라엘은 어떻게 이곳에 웜 바이러스를 침투시킬 수 있었을까? 2010년 당시 나탄즈 우라늄 농축 시설에는 인터넷이 연결되진 않았지만, 5년 전에는 인터넷이 연결되어 있었는데 그때 바이러스를 침투시켜 5년 동안 컴퓨터에 잠복시켰다가 훗날 결정적인 순간에 우라늄 농축 시설을 파괴하는 방식이었다.

이란의 나탄즈 핵 시설

이 바이러스로 인해 나탄즈 우라늄 농축 시설은 기술적 문제로 시설이 여러 차례 정지되었으며 원심분리기의 회전 속도가 줄었다가 늘어나기를 반복했지만, 시설 관제소의 모니터에는 가짜 신호를 보내 정상적으로 돌아가는 것처럼 보이게 했다. 나중에는 핵 시설의 기능을 완전히 상실하게 만들었다.

물론 이 사건에 대해서도 이스라엘 당국은 자신들의 소행이라고 인정하지도 부정하지도 않았지만, 이 역시 이스라엘의 사이버 공격이라는 것이 전문가들의 지배적인 의견이다.

나중에 사건의 전모를 알게 된 이란은 이스라엘과의 사이버 전쟁을 선포하고 곧바로 사이버 부대 창설을 발표한다. 이란 혁명수비대는 거셈 솔레이마니가 이끌었던 쿠드스군을 비롯한 여러 곳에 사이버 부대를 창설해 전력을 강화했다. 유사시에 민간 해커로 가장해 공격할 수 있도록 정부의 어떤 조직에도 속하지 않도록 구성했다. 그리고 마침내 2011년 후반 이란은 이스라엘의 우방국인 미국 은행에 대한 디도스 공격으로 실력을 과시하며 보복을 시작한다.

'카삼 사이버 전사'라는 해커 집단이 뱅크 오브 아메리카, JP모건 체이스, 캐피털 원, 뉴욕증권거래소 등 50여 개 금융기관을 공격해서 인터넷 거래가 중단되는 사태가 발생했다. 그들의 실력은 그리 뛰어나지 않았지만, 미국 산업의 기반인 금융 분야를 2년이나 끈질기게 공략할 정도로 전의만큼은 충만했다.

이란 해커들은 2013년 8월 또다시 뉴욕 인근 '보우먼 애비뉴 댐'의 시설 통제 시스템에 침입했다. 다행히 큰 사고는 없었지만 미 행정부의 기반 시설 안전에 경종을 울린 사건이 되었다.

이후 2016년 중반부터는 공격 대상과 영역을 미국의 동맹국으로 넓혀 사우디아라비아의 군사, 항공, 석유화학 기업을 집중적으로 공격했지만, 놀랍게도 그 기간에 이스라엘의 피해는 없었다. 왜 그랬을까? 그동안 이란의 사이버 부대는 수없이 이스라엘을 공격했지만 이스라엘이 이를 잘 방어했기 때문이다.

2011년 이스라엘은 8200부대 이외에도 시시각각 공격해오는 이란의 사이버 테러를 방어하기 위해 총리실 직속 기구로 '국가사이버국National Cyber Bureau'을 창설했다. 국가사이버국은 경제부, 국방부 등 타 부처와 연계하여 컨트롤타워 역할을 수행하고 사이버 공격 대응, 보안 산업 투자 촉진, 국제 협력 등 모든 사이버 보안 관련 업무를 총괄한다.

당시 이스라엘의 베냐민 네타냐후 총리는 "우리는 새로운 세계에 있다. 새로운 적들에 대비해야 한다. 이스라엘의 사이버 국방력을 높여 실제 보안 시설들을 보호할 뿐만 아니라 국민의 사이버 공간까지 지켜줘야 한다"고 말했다.

그리고 국가사이버국은 2013년부터 8200부대를 비롯한 군의 정보 수집 기능과 민간 분야의 사이버 안보 분야 협력을 강화하는 '사이버 스파크Cyber Spark' 프로젝트를 추진했다. 이를 위해 이스라엘 남부 브엘세바 지역에 총 6만 평의 부지를 선정하고 이곳에 이스라엘 방위군IDF과 대학, 전 세계 안보 기업의 연구개발센터를 한곳에 모으는 작업을 시작했다. 그 후에 이스라엘군과의 협력으로 시너지 효과를 기대하는 전 세계의 소프트웨어, 안보 업체들이 이곳으로 모여든 것은 당연한 일이다.

이스라엘의 사이버국(사진 출처-Israel National Security Archive)

이스라엘 8200부대의 활약상은 또 있다. 2018년 이슬람 테러 조직인 IS가 호주 시드니에서 아랍 에미리트 아부다비로 날아갈 에티하드 항공 여객기 A380을 공중 납치하려는 정보를 입수하고 호주 경찰에 알렸다. 호주 경찰은 무장 경비대를 투입해 비행기 안에서 조종사와 승무원, 승객을 안전하게 구출해 냈고 폭탄을 설치하려는 용의자를 현장에서 체포하였다.

만약에 이스라엘의 8200부대가 아니었다면 대형 여객기 A380에 탔던 수백 명의 승객과 승무원들이 하늘에서 끔찍한 일을 당했을지도 모른다. 이렇게 이스라엘이 사이버 보안 시스템을 가동해 주요 테러 활동을 막은 사례는 수없이 많다. 이렇듯 이스라엘은 현재 사이버 전쟁을 치열하게 하고 있는 중이다.

현재도 이스라엘은 이스라엘을 겨냥한 중동 지역 내에서의 사이버 공격을 하루에 6천 회 이상 받고 있으며 그 모든 공격을 훌륭히 막아내고 있다. 특히 최근 들어서는 이스라엘 정치인들을 향한 사이버 공격이 심해지고 있는데, 2019년 6월 17일에는 전 총리인 에후드 바락Ehud Barak의 휴대전화와 컴퓨터를 이란의 정보기관이 해킹했고, 전 참모총장이자 정치인 베니 간츠Benny Gantz의 휴대전화도 역시 해킹하였다.

이스라엘의 언론 매체에 따르면 요즘엔 북한의 해커들이 이스라엘을 사이버 공격 강화 훈련의 대상으로 활용하고 있다고 한다. 이스라엘의 보안 장벽을 뚫는다면 전 세계 어디든 못 뚫을 곳이 없다는 의미다.

필자는 예전에 이스라엘의 군부대에서 사이버 방어 전략팀에서 근무한 적 있는 이스라엘 청년 엘라드 오르티즈를 인터뷰한 적이 있다. 그의 말에 따르면 현재 이스라엘을 향해 사이버 공격을 제일 많이 하는 나라들은 당연히 아랍 국가이고 그중에서도 이란의 공격이 가장 많고 그다음이 중국과 유럽, 아프리카 지역에서도 공격이 많이 들어온다고 한다.

그들의 제1목표는 당연히 이스라엘 군부대다. 그 이유는 이스라엘의 무기 개발 내용을 확보하기 위함이며 정부 기관들도 주요 대상이다. 이렇듯 해킹하는 이유는 확보된 자료들을 암시장에서 비싼 돈을 받고 팔기 위해서다.

해킹 대상은 정부 고위 관료와 군 관계자들에게만 국한되는 것이 아니라 일반인들을 대상으로도 시도하는데 일반인들의 컴퓨터와 휴대전화를 해킹하면 그 사람이 일하는 직장이나 접촉한 사람들의 정보까지 빼낼 수 있기 때문이다.

그래서 이스라엘은 전 세계에서 최초로 국민을 대상으로 '컴퓨터 긴급 구조 팀CERT, Computer Emergency Response Team'을 만들었고 해킹 긴급 구조 번호 119시스템을 도입했다. 일반 시민이 컴퓨터나 전자기기 사용 중 해킹이 의심되는 상황과 마주하면 119로 전화를 걸어 정부에 도움을 요청할 수 있는 시스템이다. 컴퓨터 긴급 구조 팀은 원칙적으로 원격 대응을 기본으로 하지만 상황이 심각하다고 판단되면 현장에 파견되기도 한다. 이스라엘 시민이라면 누구나 서비스를 제공받을 수 있다.

이제는 사이버 공격이 국가 기관이나 공공 기관에만 국한되는 것이 아니라 일반 시민도 주요 공격 대상이 될 수가 있기 때문이다. 실제로 긴급 구조 팀의 상황실에는 이스라엘을 공격하려는 해커들의 사이버 공격 현황이 실시간으로 검사되고 해커가 어느 나라 어느 도시에서 공격을 시도하는지, 그리고 어떤 방식으로 공격하는지 대형 화면에 나타난다고 한다.

이스라엘의 CERT (사진 출처-조선비즈)

이렇게 이란과 아랍 국가들은 지금도 끊임없이 사이버 바이러스를 개발해 이스라엘을 공격하고 국가와 사회를 붕괴시키려는 시도를 이어가고 있다. 과거처럼 미사일과 총알이 날아다니는 전쟁이 아니라, 지금은 사이버 공격만으로도 어느 특정 도시와 국가 전체를 일시에 마비시키고 혼란을 야기하는 시대가 온 것이다.

이란이 이스라엘을 향해 시도했던 것처럼 상수도 시설을 장악하거나 건물의 실내 공기 정화 시스템을 고장 나게 하면 가스에 중독되거나 질식하게 할 수도 있다. 군부대의 GPS를 먹통으로 만든다면 아이언 돔으로 미사일을 막을 수도 없고, 전투기를 띄울 수도 없다. 그야말로 국가가 일순간에 마비되고 파괴될 수 있다.

이스라엘을 지구상에서 없애겠다고 한 아랍 국가들은 지금도 이스라엘을 무너뜨리기 위해 하루에도 수없이 사이버 공격을 시도하고 있다. 지금 이 순간에도 언론에는 알려지지 않는 이스라엘을 향한 사이버 공격과 이스라엘의 방어, 그리고 또다시 이어지는 보복 공격… 이런 일들이 계속해서 일어나고 있다. 이스라엘은 지금 사이버 전쟁 중이다.

14

이스라엘의 보복 작전

이스라엘의 보복 공격은 예상보다 빨랐다. 2020년 6월 말부터 7월 중순까지 약 보름 동안 이란의 주요 시설을 포함한 곳곳에 원인이 불분명한 폭발 사고와 화재 사고가 자그마치 14차례나 연이어 발생했다. 폭발 사고나 화재 사고는 어느 나라에서나 그리고 언제든지 일어날 수 있지만, 이란에서 집중적으로 일어난 폭발 사고와 화재 사고는 일반 주거 지역이나 상가 지역에서 일어난 것이 아니라 이란에서도 가장 중요하게 생각하는 군사 시설, 핵 관련 시설 인근에서 일어났기 때문에 분위기가 심상치 않았다.

2020년 6월 25일, 테헤란 동쪽 파르친Parchin의 군사기지 근처에 있는 가스 저장소에서 대규모 강력한 폭발 사고가 발생했다. 이때 폭발과 동시에 뿜어져 나온 불기둥이 테헤란의 하늘을 환하게 밝힐 정도였다. 폭발은 또 일어났다. 5일 뒤인 6월 30일 오후 8시 56분경에 역시 테헤란의 보건소 건물에서 최소 19명이 사망하는 강력한 폭발 사고가 있었다. 목격자들에 따르면 폭발은 약 10분 간격으로 두 차례에 걸쳐 일어났고 폭발의 원인을 의료용 가스 누출로 추정하였다.

그리고 7월 2일에는 핵 시설이 있는 나탄즈에서 의문의 화재가 발생한다. 이곳은 이란이 미국 도널드 트럼프 행정부의 일방적인 핵 합의 파기에 반발해 2019년부터 고성능 원심분리기 가동을 재개한 핵 시설이다. 7월 4일 오전에는 남서부 쿠제스탄주 아흐와즈Ahwas의 한 발전소에서 화재 사건이 발생했고, 이후 같은 주에 있는 석유화학센터에서 염소가스 누출 사고가 발생하여 70명의 근로자가 피해를 입었다고 이란 언론이 보도했다. 사고는 7월 7일에도 일어났다. 테헤란 남부 바커샤르Baqershahr 마을의 한 산소 공장에서 폭발이 일어나 2명이 숨지고 3명이 다쳤다.

7월 9일에는 테헤란 서부에서 폭발이 일어난 것이 확인되었는데 이란 관리들은 폭발이 일어났다는 사실을 부인하면서도 이 지역에 전기가 끊겼다는 사실은 인정했다. 그 뒤에도 폭발 사고는 끊이지 않고 계속 일어났다. 7월 12일에는 테헤란 남서부의 한 석유화학 시설에서 폭발 사고가 발생했

* 이란 원자력 기구가 공개한 파괴된 나탄즈 농축 우라늄 시설
* 테헤란 남부 마을의 산소 공장에서 일어난 폭발 현장(사진 출처-Jerusalem Post)

는데 관계자들은 폭발의 원인이 더운 날씨 때문이라고 했다.

7월 13일에는 이란 북동부 도시 마샤드Marshad 인근의 한 산업 단지에서 농축 가스 저장탱크 폭발 사고 발생, 7월 15일에는 이란 남부 부셰르Bushehr의 소형 조선소에서 화재 발생, 7월 18일에는 남서쪽 도시 아흐와즈Ahwas의 한 송유관에서 폭발 사고 발생, 7월 19일에는 중부 도시 이스파한Isfahan의 발전소에서 폭발 사고가 있었다.

이 모든 사고가 이란에서 연이어 일어난 일들이었다. 이 사고들을 주의 깊게 봐야 하는 이유는 폭발 사고가 일어난 지역들이 대부분 핵 시설이나 군사 시설 같은 주요 시설들이 있는 곳이기 때문이다.

지난 6월 25일에 대규모 폭발 사고가 일어난 테헤란 남동쪽 파르친 지역은 과거 이란의 핵 실험이 이뤄졌던 곳으로 추정된다. 또 이곳은 이란의 탄도 미사일 생산 시설이 있는 곳으로 특히 레바논의 헤즈볼라가 이스라엘을 향해 발사하는 미사일과 로켓탄을 만드는 곳으로 알려져 있다.

7월 2일에 일어난 폭발 역시 테헤란에서 남쪽으로 250킬로미터 떨어진 나탄즈 지역의 정부 시설로 이란의 핵미사일 우라늄 농축시설이 있는 지역이다. 이란 원자력청은 이 화재로 인해 신형 원심분리기의 개발이 늦춰질 수 있다고 밝혔다. 원래는 불이 난 건물에서 더 많은 신형 우라늄 농축용 원심분리기가 생산될 예정이었는데, 계측 장비와 정밀 설비가 파괴되어 상당한 경제적 손해를 입었다고 한다. 또 7월 7일에 폭발 사고가 일어난 테헤란 남부 바커샤르 도시의 공장은 2018년 이스라엘 정보 요원들이 급습해 이란 핵 프로그램에 대한 정보를 훔친 창고 근처다. 일부 분석가들은 이 공장이 이란 국방부는 물론 이슬람 혁명수비대와 긴밀히 협력하는 이란의 한 자동차 제조업체라고 주장하기도 한다.

　7월 9일에 일어난 테헤란 서부 폭발 사고에 대해서도 제임스 마틴 핵 비확산 연구센터James Martin Center for Nonproliferation Studies의 이란 군사 전문가인 파비안 힌츠Fabian Hinz는 "이곳에 두 개의 지하 시설이 있다. 한 곳은 화학 무기 연구와 관련된 시설이고, 다른 한 곳은 정체불명의 군사 생산 시설"이라고 설명했다.

　7월 15일 이란의 남부 조선소에서 화재가 일어난 부셰르는 이란의 원자력 발전소가 있는 곳이다. 이렇게 사고가 일어난 지역이 거의 핵 시설과 관련된 장소이며 이 장소들에 피해를 주기 위한 전초전으로 주변의 시설들을 화재로 기능을 상실하게 만들려고 했던 것 같다.

공격받은 이란의 석유 시설이 불타는 모습(사진 출처-Iran Press)

 이란에서 중요한 군사 시설, 핵 관련 시설들에서 연이어 폭발 사고가 일어났으니 그 배후에는 분명히 이스라엘이 있을 것이라는 이야기가 나오지 않을 수 없다. 늘 그래왔듯이 이스라엘은 이런 사고에 대해 인정도 부정도 하지 않았다.
 2020년 7월 3일, 이스라엘의 일간지 〈타임 오브 이스라엘〉은 테헤란 남동쪽 파르친 지역에서의 대규모 폭발과 다음 날인 테헤란 남쪽에 위치한 나탄즈 지역의 정부 시설 폭발 역시 모두 이스라엘의 공격으로 파괴된 것이라고 했다. 심지어 "이스라엘이 사이버 공격을 통해 시설을 폭파했다"고 주장했고 또 어떤 언론에서는 이스라엘 공군의 F-35가 폭격한 것이라고 보도하기도 했다.

이스라엘이 이란 핵 시설과 미사일 생산 시설을 폭격하게 된 결정적인 이유는 3개월 전 이스라엘 네게브 지역의 정수장에 대한 이란의 해킹 시도 때문이라는 것이다. 당시 이란은 이스라엘의 사회 기반 시설을 노리고 사이버 공격을 하면서 상수도의 염소 공급량의 과다 분출을 노리는 사이버 테러를 시도했었다.

이렇게 이란의 사이버 공격을 받은 이스라엘이 가만히 있을 리가 없다. 당연히 보복을 계획했고 그 결과가 파르친과 나탄즈 지역의 비밀 시설을 송두리째 파괴한 것이라는 얘기다. 그리고 이스라엘의 외무 장관 가비 아쉬케나지Gabi Ashkenazi는 언론과의 인터뷰에서 "이란이 핵 능력을 보유하도록 해선 안 된다. 이를 위해 우리는 밝힐 수 없는 조치를 취하고 있다"면서 이스라엘 배후설에 더 무게를 실어주었다.

이 이야기는 일단 공격 자체를 부인하지 않겠다는 의미다. 이런 주장은 요르단에서도 나왔다. 한 요르단 소식통은 지난 2주 동안 총 4개의 이란 핵 시설과 알려지지 않은 여러 곳의 군사 시설이 공격당했으며, 이들 중 일부는 반미사일 포대나 레이더로는 탐지할 수 없는 정교한 미사일 공격이고 그 미사일들은 모두 이스라엘 것이었다고 전했다.

심지어 이스라엘은 이라크 내에 있는 이란 관련 표적도

공격했다. 이 공격들은 모두 이스라엘과 미국의 합작품이라고까지 보도했다. 이스라엘이 이란에 국한하지 않고 이라크까지 공격한 것은 이란 정권이 핵뿐만 아니라 지역 지배 프로그램을 더 이상 진전시킬 수 없을 정도로 이란에 대한 압박을 높이는 게 목표라는 얘기다. 게다가 이스라엘은 이 와중에 2020년 7월 6일 새로운 첩보 위성까지 발사했는데 이 역시 이란의 핵미사일을 겨냥한 것 아니냐는 분석이 나오기도 했다.

단순히 4월에 있었던 정수장 사이버 테러에 대한 보복 차원으로만 공격한 것이 아니라, 이란의 핵미사일 개발을 저지하고 유보시키고 더 나아가서 완전히 포기하게 하려는 작전인 것이다.

15

이스라엘은 언제든 이란을 공격할 수 있다

거리상으로 이란은 이스라엘에서 자그마치 1,500킬로미터 이상 떨어져 있다. 불과 한 달 동안에 어떻게 14차례나 주요 시설을 정확히 공격할 수 있었을까? 놀랍게도 이스라엘은 과거에도 그런 일들을 여러 번 성공한 적이 있다.

40여 년 전 1981년 이라크의 오시라크Osirak 원자로를 파괴했고, 2007년에는 시리아의 알 키바르Al Kibar에 있는 핵 시설을 파괴했으며, 2009년에는 미국과 함께 이란의 핵 원심분리기를 스턱스넷 컴퓨터 바이러스로 공격하기도 했다. 게다가 이스라엘의 정보 파악 능력은 단연 세계 최고 수준이다.

예를 들면 이스라엘의 정보국 모사드Mosad가 시리아의 독재자 바샤르 알아사드Bashar Hafez al-Assad 정권의 사무실에 정교한 첩보 장치들을 숨겨 두었다고 한다. 이 장치들은 시리

모사드의 블랙 로고

아 대통령의 사무실, 가구와 벽, 천장에 숨겨져 있었다. 시리아군의 미사일 기지가 있는 섬의 골목 구석구석에서도 고해상도 카메라가 발견된 적이 있는데 이 장치들이 발견될 때까지 수년간 이스라엘 첩보 위성에 녹음과 촬영된 동영상 등 수많은 정보가 전송되었다는 것은 그야말로 전설처럼 내려오는 이야기다.

수년 후에 이 장비들이 발견되고 시리아 방송을 통해 일부가 공개되었을 때 시리아 국민은 물론이고 전 세계가 이스라엘의 정보 수집 능력에 대해 할 말을 잃을 정도였다. 이러한 이스라엘이 이란과 이라크에 대해 확보한 정보는 어마어

마할 것이다. 심지어 이스라엘의 작전은 이스라엘 정보 당국과 이스라엘군에 의해서만 이루어지는 게 아니다. 이란 내부에도 이스라엘을 돕는 사람들이 있다.

이스라엘에서 방영되었던 인기 드라마 「테헤란」에는 이란 정권에 불만을 품은 이란 사람들이 이스라엘의 모사드를 돕는다는 내용이 나온다. 드라마는 분명히 현실과 다르지만 그렇다고 해서 이런 가능성을 완전히 배제할 수는 없다. 이번 이란의 주요 핵 관련 시설의 폭발 사고를 바라보는 이란 국민 중에는 오히려 기뻐하는 이들이 있기 때문이다.

2020년, 이란의 상황은 지금과 별반 다르지 않고 여전히 비참했다. 이란 정부의 핵 개발 집착 때문에 국제 사회로부터 수많은 경제 제재를 받고 있다. 경제적으로 비참해지고 2019년 12월 이후 코로나19 확진자가 넘쳐나는데도 아무런 대책을 내놓지 못한 이란 정부에 염증을 넘어 분노가 폭발하고 있었다.

2008년부터 예루살렘에서 페르시아어 라디오 방송국을 운영하며 프로그램을 진행하는 암라니는 이스라엘을 지지하는 이란 사람들이 자신에게 사진과 메시지, 전화를 한다고 했다.

그는 "대부분의 폭발은 이란 원전을 지탱하는 전기 발전소 등 핵 관련 설비를 겨냥했고, 많은 이란 사람이 이에 만족하고 있다"고 말했다. 그리고 어떤 청취자는 전화해서 "핵발전소를 짓는다는 이란의 말을 어떻게 믿을 수 있겠는가. 우리의 낙후된 기술로 몇 년 동안 노력했지만, 이 나라에서는 작동 가능한 자동차조차 생산할 수 없었다. 이란의 원자력 발전소가 또 다른 체르노빌Chernobyl로 변해 이란을 파괴할 것이다. 이것이 이스라엘보다 훨씬 더 위험하다. 제발 이스라엘의 폭탄이 이란의 핵 능력을 파괴해 줄 것을 희망하고 있다"고 말했다고 한다.

훈련 중인 이란 군인

짧은 시간 안에 연이어 발생한 폭발 사고가 자신들의 실수로 인한 사고였다고 할지, 아니면 분명히 외부의 가해자가 있으며 그 가해자는 이스라엘과 미국이라고 공식적으로 발표할지 명확하지 않지만, 분명한 것은 이란도 가만히 있지는 않는다는 것이다.

이스라엘 공군의 전 장성이자 이스라엘군 군사정보국장을 지낸 아모스 야들린Amos Yadlin마저도 "이제 이스라엘은 이란의 역습에 대비해야 한다. 사이버 부대나 시리아의 미사일 공격, 해외 테러 등 이란의 보복 공격의 가능성에 대해 철저하게 대비해야 한다"고 말할 정도다.

이스라엘과 이란 사이에는 언제가 될지 모르지만, 반드시

전쟁이 일어날 것이다. 이런 예상은 이제까지 전 세계를 다니며 인터뷰했던 많은 국제 정세 전문가들의 입에서 나온 말이기도 하다. 심지어는 필자가 이스라엘에서 만났던 많은 이스라엘의 정치인과 언론인 그리고 메시아닉 목사들도 이란과의 전쟁은 피할 수 없다고 이야기한다.

"이스라엘과 이란의 전쟁은 마지막 때 피할 수 없는 일이다. 그래서 우리는 언제든지 이스라엘이 본격적으로 이란 본토를 공격하기 시작했다는 뉴스, 반대로 이란이 이스라엘 본토를 공격하기 시작했다는 뉴스, 그래서 두 나라 사이에 전면전이 벌어졌다는 뉴스를 접하게 될 것이다. 이런 뉴스를 오늘 저녁 집에서 듣거나 보더라도 놀라지 마라. 언젠가 반드시 일어날 일이 오늘 일어났을 뿐이다. 혹시 오늘 그 뉴스가 나오지 않았다고 해서 안심하지 마라. 내일이라도 들려올 수 있다."

16

이란의 핵 과학자
암살 사건의 미스터리

❧

  2020년 11월 27일 오후 2시, 이란의 수도 테헤란에서 북동쪽으로 60여 킬로미터 떨어진 휴양 도시 다마반드로 가는 77번 도로 위로 고급 승용차 세 대가 미끄러지듯이 달려가고 있었다.

  이 중에 가운데 승용차는 방탄차였는데 뒷좌석에는 중년의 부부가 타고 있었고, 앞뒤의 차에는 중무장한 경호원들이 타고 있었다. 그들의 차가 목적지 다마반드 인근의 원형 교차로에 도착해서 속도를 천천히 줄이기 시작했을 때, 140여 미터 떨어진 곳에 세워져 있던 작은 픽업트럭에서 기관총이 발사되었다. 세 대의 승용차 중에 가운데 차에 타고 있던 남자가 그 자리에서 사망하였다.

  사망한 중년의 남자는 누구일까? 또 이 남자에게 기관총을 난사한 자들은 누구였을까? 이날의 상황을 좀 더 자세히 설명하면, 세 대의 승용차가 원형 교차로에 이르기 전에 그 교차로 근처로 픽업트럭 한 대가 다가갔다. 트럭에서 내린 운전자는 어디론가 사라졌고, 픽업트럭에는 아무도 없었다. 그리고 그 시간에 또 다른 몇 명은 교차로 인근에 설치되어 있던 모든 CCTV 카메라 전선과 모든 통신 안테나 케이블을 끊어 놓았다.

이제 이곳 교차로에서 무슨 일이 발생한다 해도 휴대전화나 무전기를 이용해 주변에 도움을 요청할 수도 없고, 현장에서 일어난 상황을 촬영한 그 어떤 증거 화면도 존재할 수 없게 된 것이다.

그리고 마침내 세 대의 승용차가 교차로에 도착해서 속도를 줄일 때 이미 도착해서 기다리고 있던 픽업트럭 조수석에 설치된 기관총이 원격 조종으로 세 대의 승용차 중에 정확히 가운데 차를 조준했고 놀라서 뛰쳐나온 문제의 그 남자의 이마에 정확히 총알을 발사하여 사살한 것이다.

이날 처참하게 총에 맞아 사망한 남자는 이란 핵 개발의 총책임자로 이란 핵 개발의 아버지라 불리는 모센 파크리자데Mohsen Fakhrizadeh였다. 모센 파크리자데는 1999부터 2003년까지 이란이 진행한 핵무기 개발 계획인 '아마드 프로젝트

AMAD Project'를 주도한 최고위급 과학자로 알려져 있다. 또한 서방 정보기관들은 그가 민간 우라늄 농축 프로그램을 가장해 핵탄두를 개발하는 프로그램을 비밀리에 진행한 것으로 추측하기도 했다.

* 모센 파크리자데 피격 현장(사진 출처-Iran Primer)
* 모센 파크리자데 장례식(사진 출처-BBC News)

일부 외신은 2013년 이란과 북한의 핵 커넥션을 보도하면서 "이란 핵무기 총책임자인 파크리자데를 포함한 이란 핵 과학자들이 북한의 3차 핵 실험을 참관한 것으로 알려졌다"고 보도하였다.

그래서일까? 2018년 당시 이스라엘의 모사드가 테헤란 남서부 슈라바드Shurabad 지역의 비밀 시설을 급습해 확보한 핵 개발 관련 기밀 자료를 이스라엘의 베냐민 네타냐후 총리가 만천하에 공개하면서 "아마드 프로젝트를 주도한 이란 핵 과학자 파크리자데가 2018년에도 SPND라는 핵무기를 개발하는 비밀 조직의 책임자다. 파크리자데라는 이름을 기억하라"고 언급하기도 했다.

파크리자데는 이란의 핵 개발 프로젝트에서 아주 중요한 인물임이 틀림없고 그런 인물이 총격을 당해 사망한 것이다. 그리고 지금까지도 이란 정부는 파크리자데 사망 사건의 배후로 이스라엘의 모사드를 의심하고 있다.

물론 이 역시 이스라엘은 인정하지 않는다. 그런데 왜 이란 정부는 이번 공격을 모사드 작전이라고 하는 것일까? 이전에도 이스라엘은 이런 식으로 이란의 핵 관련 전문가들을 제거한 전력이 여러 번 있었기 때문이다.

2007년 1월에는 이란의 핵 과학자이자 물리학 교수이면서 전자기학 전문가였고 과학 분야에서 이란 최고 명예의 상을 받은 뒤에 이스파한의 비밀 시설에서 우라늄을 가스로 전환하는 일을 해왔던 아르데시르 호세인푸르Ardeshir Hosseinpour 박사는 가스 중독으로 사망했다. 하지만 미국 민간 정보기관인 스트랫포Stratfor는 모사드의 비밀 작전으로 인한 방사능 중독으로 사망했다고 주장한다.

2010년 1월 12일 오전 7시 50분, 이란의 양자물리학 전문가이면서 이란 핵 개발 계획의 고문이었던 마수드 알리 모하마디Massoud Ali-Mohammadi 교수는 테헤란 북부에 있는 자기 집 앞에 주차된 자동차의 문을 여는 순간 일어난 엄청난 폭발로 사망하였다.

2010년 11월 29일 오전 7시 45분, 테헤란에서 이란 핵 개발 계획 과학 책임자 마지드 샤리아리Majid Shahriari 박사가 자동차로 출근할 때 따라붙은 정체불명의 오토바이가 자동차 후면 유리에 뭔가를 부착했고 잠시 후에 자동차는 폭발했다. 그는 그 자리에서 사망했다.

2011년 7월 23일 오후 4시 30분, 테헤란에서 물리학 교수이자 이란의 비밀 핵 개발 프로젝트의 핵심 인물인 다리우시 레자이네자드Darioush Rezaeinejad는 퇴근길에 오토바이를 타고 나타난 두 남자의 자동 권총 저격을 받았다.

이란의 과학자 마수드 알리 모하마디(왼쪽)와 다리우시(오른쪽)

이런 식으로 이란에서 핵 개발 과학 기술자로 일하는 사람들은 원인 모를 폭발과 독가스 흡입, 암살 등으로 목숨을 잃었다. 이란 정부는 이런 일들이 모두 이스라엘의 모사드가 벌인 일이라고 주장하지만, 이스라엘은 시인하지 않는다. 하지만 전 세계는 이런 식의 작전을 치밀하고 은밀하며 완벽하게 성공시킬 수 있는 조직은 지구상에 오직 이스라엘의 모사드 외에는 없다고 확신한다.

이란 핵 개발 프로젝트의 최고 책임자 파크리자데 피살 사건 다음 날인 11월 28일에 사건이 또 일어났다. 이라크와 맞닿은 시리아 국경 지대 알 카임Al-Qa'im에서 한밤중에 이란 혁명수비대의 사령관급 장성이 세 명의 경호원과 나타났다. 알 카임은 이란에서도 한참 먼 곳의 이라크 지역이다. 이곳에 이란 군 장성이 나타났다는 것도 이례적이지만 사실 이들의 움직임 자체가 1급 군사비밀이었다.

그러나 놀라운 것은 그들이 이라크와 시리아 국경 지대에 나타난 그 시각 그들 머리 위에는 정체불명의 드론이 떠 있었고 그 드론은 정확히 이라크의 군인도, 시리아의 군인도 아닌 바로 이란의 군 장성과 경호원들만 핀셋으로 뽑듯이 정확히 사살했다는 것이다. 이 공격 역시 많은 외신은 이스라엘이 했다고 추측하고 있다.

이스라엘의 모사드는 왜 2020년 11월 27일, 방탄차를 타고 도로를 달리는 이란의 핵 개발 책임자와 이라크의 시리아 접경까지 찾아간 이란의 군 장성을 한밤중에 핀셋으로 뽑아내듯이 제거했을까?

그 이유는 2020년 11월 3일에 치러진 미국의 46대 대통령 선거 때문이었다. 당시 미국은 도널드 트럼프의 재선이냐,

이란 핵과학자 사망 일지

2007. 01. 15	안테시르 하산푸르(이스파한 우라늄 변환공장 근무) 의문사
2009. 10	핵협상 실패, 이란 "나탄즈 우라늄 종축 공장 가동" 발표
2010. 01. 12	마수드 알리 모함마디 테헤란대 교수, 폭탄 테러로 사망
11. 29	마지드 샤리아리 샤히드 베히시티대 교수, 차량 폭탄 테러로 사망
2011. 07. 23	다리우시 레자에이(원자력에너지부 근무), 괴한 총격으로 사망
2012. 01. 08	이란 "나탄즈와 포르도에서 우라늄 농축 시작" 발표
01. 11	무스타파 로샨(나탄즈 우라늄농축 시설 근무), 폭탄 테러로 사망

조 바이든으로의 정권 교체냐를 두고 벌어진 선거에서 부정 선거 의혹이 제기되는 등 말도 많고 탈도 많기는 했지만 결국 조 바이든이 대통령으로 당선되었다.

조 바이든의 당선으로 미국 못지않게 이스라엘도 엄청난 변화를 맞이할 수밖에 없다. 조 바이든은 자신이 대통령이 되면 제일 먼저 버락 오바마 대통령 시절에 이란과 맺었다가 트럼프가 파기한 핵 합의를 다시 되돌려 놓겠다는 약속을 여러 차례 했기 때문이다. 이것은 조 바이든 행정부가 이스라엘과 중동 문제를 다시 원점으로 되돌려 놓겠다는 선언이었으며 그렇게 되면 이스라엘은 이란의 핵 위협에서 자유로울 수가 없다.

그렇다면 이스라엘은 어떻게 해야 할까? 조 바이든 정부가 출발하기 전에 이란에 뭔가 강력한 조치를 취할 필요가 있었다. 도널드 트럼프 정부가 파기한 이란과의 핵 합의를 조 바이든 정부가 복원하지 못하도록 이스라엘이 뭔가 강력한 선제 경고를 보내야 했을 것이다. 그리고 미국이 핵 합의를 복원하고 핵무기 개발을 저지하지 않으면 이스라엘 단독으로라도 얼마든지 이란의 핵 개발 저지를 위해 모든 수단을 동원할 수 있다는 것을 알릴 메시지가 필요했다.

또 한 가지 들여다볼 점이 있다. 이란의 요인 암살이라는 이스라엘의 도발적 행동으로 이란의 군사 보복을 부추기려는 의도일 수도 있다는 것이다. 이란이 이스라엘을 공격하든 아니면 이란이 지원하는 테러 조직을 통해 이스라엘과 전 세계에 흩어져 있는 유대인 공동체를 공격한다면 임기가 한 달여 남은 트럼프 정부가 가만히 있지 않을 거라는 계산이었을 것이다. 즉 이란을 군사적으로 타격하는 것을 의미한다.

외국 언론에서는 이스라엘이 두 명의 핵심 인물 피살 사건을 통해 트럼프에게 그 계기를 마련하려 했다는 '큰 그림'으로 보는 시각도 있었다. 안 그래도 2020년 11월 12일에 열린 수석보좌관회의에서 도널드 트럼프 대통령이 마이크 펜스Mike Pence 부통령과 마이크 폼페이오Mike Pompeo 국무부 장관, 크리스토퍼 밀러Christopher C. Miller 국방부 장관 대행과 마크 밀리Mark A. Milley 합참의장 등 고위 보좌진들이 참석한 자리에서 이란의 주요 핵 시설을 공격할 수 있는 가능성에 관해 물었지만, 이날 참모진들은 군사 행동이 더 큰 갈등과 혼란을 일으킬 수 있다며 트럼프 대통령을 만류했다고 한다.

이날 회의는 국제원자력기구가 이란의 농축 우라늄 비축량이 '이란 핵 합의'에서 약속한 허용치의 12배 수준이라는 보고서를 발표한 다음날에 있었다. 이 보고서에는 이란의 핵무기 개발을 위한 2단계 중 1단계가 2021년 초에 완성될 것이라는 내용도 담겨 있었다.

그래서 이스라엘이 그리는 큰 그림이 곧 현실로 일어날 가능성은 열려 있었다. 실제로 이란은 이스라엘을 향해 보복하겠다고 난리였다. 이스라엘은 이란의 보복 공격에 철저히 대비하며 특히 전 세계에 있는 이스라엘 대사관의 보안을 철저히 하라고 지시했다.

상황은 긴박하게 돌아갔다. 이스라엘의 국방부 장관 베니 간츠는 곧바로 크리스토퍼 밀러 미국 국방부 장관 대행과 두 차례 통화하면서 군사 협력 문제를 논의했으며 베냐민 네타냐후 총리는 며칠 뒤 사우디아라비아로 날아가 무함마드 빈 살만 왕세자와 만나 이란 문제를 논의했다.

미국의 발걸음도 바빠졌다. 마이크 폼페이오 장관도 이스라엘과 아랍 에미리트, 카타르, 사우디아라비아를 잇달아 찾아가 이란 문제를 논의했다. 폼페이오가 중동을 방문하는 동안, 중동 지역을 담당하는 미군 중부사령부의 B-52 전략 폭격기가 중동의 하늘 위를 날고 있었다. 이것은 미국의 파트너와 동맹국을 안심시키기 위함이었고, 다시 말해 미국은 이란을 향한 군사 작전이 언제든 가능하다는 것을 보여 주는 것이었다. 세계는 그리고 중동은 그렇게 매일매일 요동치고 있었다.

17

이란의 친구
조 바이든의 등장

2021년 1월 20일, 미국의 46대 대통령 조 바이든이 취임하면서 이스라엘과 이란은 각자의 계산기를 두드리기 시작했다. 미국의 분위기가 이스라엘에 안 좋은 방향으로 바뀌었기 때문이었다.

조 바이든 대통령은 코로나19로 인해 생긴 경제적 어려움을 극복하고 이번 대선을 통해 극명하게 갈라진 미국 국민의 민심을 추스르며 화합해야 한다는 아주 중대한 책임감으로 4년간 미국을 이끌어 가야 했다.

미국 내 문제야 당연히 큰 변화가 오겠지만 이스라엘과 중동 문제도 역시 큰 변화를 예상하지 않을 수 없었다. 우선 2015년 이란과 맺은 핵 협정을 2018년 5월에 트럼프 대통령이 일방적으로 탈퇴한 것을 조 바이든 대통령이 원상 복귀할 것이 뻔했다. 조 바이든이 대통령으로 선출되기 전부터 여러 차례 공언했기 때문이다. 하지만 이것도 역시 쉬운 일은 아니다.

만약에 조 바이든 행정부가 이란 핵 합의를 다시 복귀하기 원한다면 그 시한이 불과 5개월밖에 남지 않은 상황이었다. 당시 이란은 2018년 도널드 트럼프 미국 행정부의 이란 핵 합의 탈퇴와 제재 복원 그리고 지난해 코로나19 사태로 심각한 경제난에 빠지면서 이란 국민 사이에서 반미 정서가 높아지고 있었다. 게다가 2021년 6월에는 이란도 대선을 치러야 했다.

만약에 이란 대선에서 비교적 온건파라고 알려진 하산 로하니 대신 강경파가 정권을 잡게 된다면 조 바이든은 협상 테이블조차 앉지 못할 수도 있었다.

이것을 피하기 위해 조 바이든은 대통령으로 취임하자마자 이란 문제부터 매달려야 하는데 이는 미국에게 그다지 좋은 그림은 아니었다. 특히 이란 정부는 협상 테이블에 앉기 전에 먼저 미국이 이란을 향해 걸어놓았던 각종 경제 제재 조치를 해제할 것을 요구하고 있었다. 이를 두고 미국과 이란이 서로 줄다리기하다가 시간만 흐른다면 협상 테이블은 커녕 협상 장소 근처에도 못 간다는 얘기다.

그런데도 이란과 미국의 조 바이든 행정부는 5개월 안에 협상 테이블에 앉아서 도널드 트럼프가 탈퇴했던 핵 합의를 원상 복귀한다거나 또는 2021년 6월 이란 대선에서 또다시 온건파가 집권해서 핵 합의를 원상 복귀하게 된다면 당연히 이란에 핵을 개발할 수 있는 시간과 명분을 만들어 주게 되는 셈이다.

2015년 오바마 행정부가 주도한 이란 핵 합의 내용을 다시 한번 기억해 보자. 당시 이란 핵 합의의 주된 내용은 이란이 더 이상 핵을 개발하지 않겠다고 약속할 경우 '국제 사회가 이란에 가하던 경제 제재를 풀어줄 것이고, 외국에 묶여 있는 이란의 자금이 이란으로 돌아갈 수 있게 해주겠다'는 것이었다.

그런데 문제는 이란이 더 이상 핵을 개발하지 않겠다고 한 약속들이 별로 실효성이 없다는 것이다. 이란의 핵 개발에 대한 감시를 국제원자력기구에서 하는 것이 아니라 이란 스스로 한다는 데 문제가 있었다. 자기가 자기 검열을 하겠다는 것은 있을 수 없는, 믿을 수 없는 약속이다. 더 말이 안 되는 것은 이란에 100퍼센트 핵 개발을 제한한 것이 아니라, 3.67퍼센트 저농축 우라늄 개발은 허용했다는 것이다. 이것은 이란에 핵 개발을 할 수 있는 아주 작은 불씨를 허락했다는 것과 다름없다. 3.67퍼센트의 저농축 우라늄 개발은 분명 5퍼센트의 저농축 우라늄 개발로 이어질 수 있다. 5퍼센트에서 10퍼센트로, 또다시 15퍼센트로… 이런 식으로 얼마든지 늘려갈 수 있다.

바로 이런 협상 내용으로 이스라엘이 이란 핵 합의를 강력히 비난했던 것이다. 또 트럼프 역시 최악의 협상이었다며 2018년 이란 핵 합의 탈퇴를 선언한 것이었다.

이스라엘의 예상은 적중했다. 이는 이스라엘이 아니어도 누구나 충분히 예상할 수 있는 단순한 문제다. 2021년 1월 4일, 이란 정부는 드디어 저농축 우라늄 농도 20퍼센트 개발에 성공했다고 발표했다. 전문가들의 말에 의하면 적어도 핵무기를 만들려면 우라늄 농도가 90퍼센트 정도는 되어야 하는데 20퍼센트까지 성공했으면 90퍼센트까지 가는 건 그야말로 시간문제라고 한다. 이 소식을 들은 세계는 경악했다.

미국의 오바마 정부는 이란이 약속을 지킬 것이라는 순진한 믿음으로 핵 합의를 맺었지만 이란은 보기 좋게 뒤통수를 친 것이다. 그렇다면 이제 조 바이든 대통령은 어떻게 해야 할까? 그동안 조 바이든은 도널드 트럼프가 탈퇴했던 2015년 이란과의 핵 합의를 원상 복귀하겠다고 말하기는 했지만, 이란의 이런 상황을 보고도 생각의 변화가 없다면 더 이상한 일이다. 결국 이란의 핵미사일이 미국의 본토를 향하게 될지도 모르는데도 이대로 이란이 핵무기를 만들도록 내버려두지는 않을 것이다.

그러나 조 바이든의 생각은 요지부동이었다. 오히려 조 바이든이 꾸리는 외교 정책 팀의 모습은 이란과 팔레스타인 문제를 둘러싸고 사사건건 네타냐후 총리와 다투었던 버락 오바마 때의 모습과 마치 데자뷔처럼 닮아가고 있었다.

미국 국무부 부장관직에 지명된 웬디 셔먼Wendy Sherman은 2015년 이란과의 핵 협상 당시 미국 측 수석 대표였고, 조 바이든 정부의 국무부 장관으로 지명된 토니 블링컨Tony Blinken은 오바마 정부의 국무부 부장관이었다. 또 2015년 이란과의 핵 협상 당시 참여했던 제이크 설리번Jake Sullivan이라는 인물도 역시 조 바이든 정부에서 국가안보 보좌관이었다.

이렇게 미국은 오바마 정부 시절 그랬던 것처럼 또다시 이란과의 협상 준비를 갖춰 나갔다. 그 와중에 이란은 그동안 숨죽이며 숨겨 왔던 발톱을 바이든 행정부를 향해 드러냈고 그와 동시에 이스라엘을 향해서도 칼을 갈았다.

2021년 1월 6일 텔아비브대학의 싱

웬디 셔먼
미국 국무부 부장관
(사진 출처-위키피디아)

크탱크 국가안보연구소가 발표한 연례 보고서에 따르면, 이란의 핵 과학자 모센 파크리자데와 카셈 솔레이마니 장군의 암살, 시리아 내 이란 대리 세력들을 향한 이스라엘의 계속되는 공습 등 이란이 이스라엘을 공격하기 위해 들먹일 수 있는 이유가 점점 쌓여가는 가운데 바이든 정부가 이란 문제 대응을 자제하며 신중한 태도를 보인다면, 2021년에 이란은 이스라엘에 이전보다 더 큰 공세를 가할 수 있다고 했다. 그리고 그 공세는 가자 지구의 하마스나 레바논의 헤즈볼라 그리고 시리아의 이란 대리 세력을 통해 이뤄질 가능성이 상당히 높다고 내다봤다.

이런 군사적 위협을 마주한 이스라엘과는 달리 팔레스타인 측은 조 바이든 행정부에 기대하는 바가 많았다. 조 바이든 행정부가 도널드 트럼프와는 정반대로 이스라엘보다는 팔레스타인 편을 들어줄 것을 기대했는데, 우선 트럼프에 의해 폐쇄된 워싱턴의 팔레스타인 해방 기구PLO의 사무실을 다시 열어 주길 기대하고 있었다. 조 바이든이 그렇게 하겠다고 이미 약속했기 때문이다. 그리고 팔레스타인 자치 정부에 대한 미국의 재정 지원 재개와 유엔 팔레스타인 난민구호기구UNRWA에 대한 미국의 재정 지원 재개 등 도널드 트럼프 대통령 재임 시절에 중단되었던 지원을 재개해 줄 것을 바랐을 것이다.

도널드 트럼프가 팔레스타인 난민을 돕는다는 유엔 기구에 재정 지원을 중단한 이유는 미국을 포함한 국제 사회가 아무리 거액의 재정을 기부해도 그 돈들이 실제로 팔레스타인 난민한테 쓰이지 않고 팔레스타인 지도층 몇 사람의 주머니만 채우며 오히려 부정부패를 악화시킨다고 판단했기 때문이다.

그런데 조 바이든 측은 이 모든 것을 원상 복귀하겠다고 약속했다. 이제 팔레스타인 자치 정부PA, Palestinian National Authority의 파타 정당이든 가자 지구의 무장정파 하마스든 양쪽 지도자들만 신나게 되었다.

이렇게 이스라엘과 중동의 문제가 복잡하게 움직이는 동안 미국 내부에서도 만만치 않은 정치적·사회적 변화가 일어날 것이고 이 변화는 미국의 영적 흐름에 큰 영향을 미치게 될 터였다. 그 변화의 요소 중 하나인 낙태 문제를 살펴보자. 조 바이든은 대통령 후보 공약으로 본인이 대통령이 된다면 도널드 트럼프 대통령 임기 때 행정명령으로 시행되었던 멕시코 시티 정책Mexico City Policy을 철회하기로 약속했었다.

멕시코 시티 정책이란 미국 연방 정부의 재정으로 미국이나 다른 나라의 인구 조절과 가족계획을 위해 낙태를 권유하거나 시술을 도와주는 정책이다. 1984년에 로널드 레이건 대통령 정부에서 처음 제정되었고 멕시코 시티에서 열린 국제회의에서 결정되었다고 해서 멕시코 시티 정책이라고 명명하였다. 하지만 이 정책은 1993년 빌 클린턴 대통령에 의해 폐지되었다가 2001년 다시 조지 부시 대통령에 의해 부활되었고 또다시 2017년 도널드 트럼프에 의해 다시 복원되는 수난을 겪었다. 조 바이든은 이 정책을 대통령으로 취임과 동시에 다시 폐지하고 낙태 서비스 제공 업체인 '가족계획연맹'에 미국 연방 기금을 다시 지원하기 시작했다.

동성애자의 결혼식 주례를 서는 조 바이든(사진 출처-FOX5)

이렇게 바이든 행정부는 낙태를 적극적으로 지원할 뿐만 아니라 동시에 성소수자들에 대해서도 강력한 지지를 보냈다. 조 바이든은 원래 동성 결혼식 주례를 맡을 만큼 미국에서도 웬만한 사람들은 다 아는 동성애 지지자다. 그래서 조 바이든은 그의 행정부에서 레즈비언, 게이, 양성애자, 트랜스젠더, 성 정체성에 갈등하는 사람들Queer or Questioning, 즉 성소수자LGBTQ+의 권리를 우선순위로 삼겠다고 거듭 다짐했었다.

조 바이든 대통령은 취임 후, 교통부 장관으로 피터 부티지지Peter Paul Montgomery Buttigieg를 지명했다. 피터 부티지지는 전 인디애나주 북부 사우스벤드 시장으로 2015년 트위터를 통해 동성애자로 커밍아웃하고 2018년에는 중학교 교사인 남자와 동성 결혼한 경력이 있는 사람이다. 이로써 미국 역사상 최초로 동성애자 정부 각료가 등장했다.

그런가 하면 카말라 해리스Kamala Devi Harris 부통령 당선자의 비서실장 카린 장 피에르Karine Jean Pierre이 백악관 수석 부대변인으로 발탁되었는데, 역시 레즈비언으로 알려져 있다.

조 바이든이 대선 운동 당시 사용했던 캠페인 홈페이지를 보면 '미국과 전 세계에서 성소수자의 평등을 발전시키기 위한 바이든 계획'이라는 문서가 따로 만들어져 있을 정도였다. 이 문서에 따르면, 조 바이든은 성소수자 보호를 위한 평등법 제정을 자신의 최우선 입법 사항이라고 강조하면서 동시에 성소수자들을 위한 여러 정책을 나열했다.

성소수자 가정을 차별하는 입양 및 위탁 보호 기관이 연방 기금 받는 것을 금지할 계획이며 미 국방성에 트랜스젠더들이 공개적으로 근무하고 필요한 치료를 받고 차별에서 벗어날 수 있도록 지시할 예정이라고 했다.

그런가 하면 모든 트랜스젠더가 자신의 성 정체성을 정확하게 반영하는 신분 확인 문서를 가질 수 있도록 개인이 정부 문서에 성별 표시를 'M', 'F', 'X'로 변경할 수 있는 옵션을 제공하고, 트랜스젠더로 확인된 학생들이 선택한 성별 정체성에 해당하는 욕실, 라커룸 및 샤워실을 사용할 수 있도록 하는 오바마 전 대통령의 지침을 복원할 것이라고 약속했다. 또한 동성애 전환 치료 및 상담을 금지할 것이라고 밝혔다. 그뿐만 아니라 국무부, 국가보안국과 기타 연방 기관에서 성소수자 권리 담당 직책을 만들어서 미국 정부 내부는 물론 전 세계에 동성애 인권을 강화할 계획이라고 했다.

향후 4년 동안 미국이 어떤 분위기로 나아가게 될지를 보여 주는 중요한 사건이 국회에서 있었다. 2021년 1월 3일, 미국 하원 개원식이 열리는 국회의사당에서 감리교 출신의 목사이자 민주당 하원 의원 중 한 사람인 임마누엘 클리버Emanuel Cleaver가 개회 기도를 했는데 그가 기도를 마무리하면서 아론의 축복 기도를 한 후에 "우리는 유일신 브라마와 다른 많은 믿음으로 인해 많은 이름으로 알려진 신의 이름으로 기도합니다"라고 했다. 그리고 기도 끝에 '에이멘Amen' 한 뒤에 이어서 '에이워먼Awomen'이라는 말을 덧붙였다. 그 이유는 도널드 트럼프를 반드시 탄핵해야 한다고 주장한 하원 의장 낸시 펠로시Nancy Patricia Pelosi가 "앞으로 사람을 지칭할 때 He나 She는 사용하지 말고 They라고 해라… 엄마, 아빠 이런 표현 말고 그냥 부모라고 해라. 어떻게 꼭 엄마, 아빠만이 부

감리교 목사 출신인 임마누엘 클리버 의원(사진 출처-13KRCG)

모일 수가 있겠냐. 아빠, 아빠가 부모일 수도 있고 엄마, 엄마가 부모일 수도 있다"라고 했고, 2021년부터 미국 의회에서 남성과 여성을 구분하는 표현을 금지했기 때문이다.

그래서 임마누엘 클리버 하원 의원이 개회 기도 마지막에 '에이멘' 하려다 순간 멘을 남자로 이해했고 에이멘 다음에 에이워먼이라고 하는 촌극이 빚어진 것이다.

이런 웃지 못할 코미디가 연출된 곳이 바로 미국 하원 회의장이고, 이날 이렇게 기도한 하원 의원은 25년간 미국 감리교에서 목회한 목사였다.

18

다급해진
이스라엘의 선택

조 바이든의 대통령 취임을 앞두고 이스라엘의 상황은 급박해졌다. 정말 조 바이든이 대통령으로 취임한 이후 이란과의 핵 합의에 복귀하는 일이 현실로 이루어진다면 이스라엘은 이란의 핵 시설을 선제공격할 수도 있다는 아주 구체적인 이야기들이 들리기 시작했다.

2021년 1월 13일, 이스라엘 리쿠드당의 차히 하넥비Tzachi Hanegbi 국회의원이 차기 미 행정부는 이란을 달래서는 안 되고 이스라엘은 이란의 시리아 주둔이나 핵무기 개발을 절대로 용인하지 않을 것이며 바이든 행정부가 핵 합의에 다시 가입할 경우 이스라엘은 이란의 핵 프로그램을 공격할 수 있다고 경고했다.

다음 날인 1월 14일에 이스라엘군 참모총장인 아비브 코하비 Aviv Kohavi는 이란의 핵 개발을 저지하고 필요하면 침략에 대응하기 위한 계획을 수립하는 이스라엘 참모부에 이른바 '이란의 위협에 대응하기 위한 새로운 계획을 수립'하라고 지시했다.

이스라엘은 그동안 이란의 핵무기 보유 가능성을 차단하기 위한 여러 가지 군사적 옵션을 준비했다. 하지만 이 외에 또다시 새로운 계획을 수립해야 하는, 지금까지 이스라엘 근방에서 진행된 작전을 넘어서 뭔가 좀 더 적극적인 계획이 필요하다는 뜻이다.

이 계획은 당시 보수 성향의 베냐민 네타냐후 총리가 이끄는 내각에 제출될 예정이었으며 수십억 세겔, 한화로 수조 원이라는 막대한 예산이 필요했다.

이스라엘의 국방부 장관 베니 간츠는 현지 언론 〈이스라엘 하욤〉과의 인터뷰에서 "이란은 최근 몇 년간 핵물질 농축과 공격 능력 관련 연구 개발에서 모두 진전을 이뤘다"고 말하면서 "이제 이스라엘이 군사적 선택권을 가질 필요가 있다는 것은 분명하다"는 말을 했다. 이 이야기는 이스라엘은 더 이상 이란이 핵무기를 보유하도록 손 놓고 바라만 보지 않을 것이고 군사적 행동, 즉 전쟁을 불사하겠다는 뜻이다.

하지만 이스라엘이 정말 이란의 핵 프로그램을 선제공격할 수 있을까? 답은 아주 간단하다. 당연히 공격할 수 있다.

1981년 이스라엘은 사담 후세인 이라크 대통령이 핵무기 능력을 획득하려 한다는 정보를 입수하고 곧바로 F15와 F16기를 이용해서 이라크의 오시라크 원자로를 파괴하는 선제공격을 했고, 26년 후인 2007년에는 시리아의 데이르 알 주르 인근 사막에 비밀 원자로를 건설하는 것을 알고 즉시 시리아로 날아가 파괴했었다.

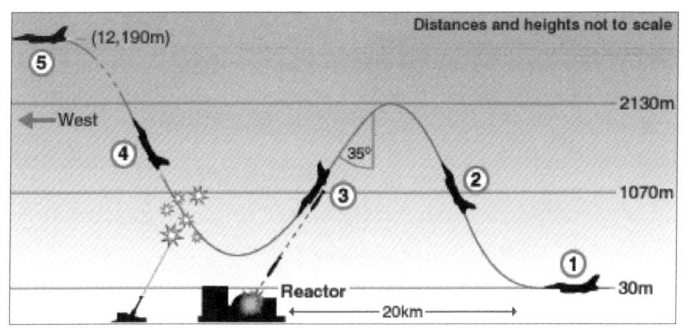

이스라엘의 이라크 오시라크 원자로 파괴 작전

하지만 이란은 시리아와 이라크와는 분명히 상황이 다르다. 우선 비교적 이스라엘과 가까운 시리아와 이라크와는 달리 이란은 이스라엘에서 약 1,500킬로미터 이상 떨어져 있다. 만약 이스라엘이 이란의 핵 시설을 공격한다면 어쩔 수

없이 요르단과 이라크의 상공을 지나거나 사우디아라비아의 상공을 지날 수밖에 없다. 그런데 놀랍게도 사우디아라비아는 이미 2010년 이스라엘이 이란의 핵 시설을 공격하기 위해서라면 자국의 영공을 통과할 수 있도록 허용했다.

아제르바이잔의 시탈차이에서부터 이란의 핵 시설까지 거리
(사진 출처-조선일보)

또 이스라엘은 지리적 어려움을 극복하기 위해 오래전부터 준비를 했다. 2012년 3월 28일, 미국의 외교 전문지 〈포린 폴리시〉에 따르면 이스라엘은 이란 바로 옆에 있는 아제

르바이잔의 수도 바쿠Baku 북부의 시탈차이Sitalchay 공군 기지 비행장을 확보했는데, 이는 유사시에 이란을 향해 전투기가 출격하기 위한 것으로 보인다고 보도했다. 이 비행장에서 이란의 주요 핵 시설까지는 약 800킬로미터로 이스라엘에서 출격할 때에 비해 거리가 절반 이하로 줄어드는 셈이다. 더 이상 거리는 문제가 되지 않는다.

시리아나 이라크는 핵 관련 시설을 지하 깊숙이 숨기지 않아서 비교적 공격이 수월했지만, 이란은 핵 시설을 지하 깊은 곳에 숨겼기 때문에 공격하기가 쉽지 않다. 예를 들어 우라늄 농축 공장이 있는 나탄즈만 해도 지하 8미터 깊이에 2.5미터의 철근 콘크리트로 덮고 또다시 22미터의 흙으로 덮었다. 그뿐만 아니라 이란의 포르도Fordo에 있는 우라늄 농축 시설 역시 산속에 최소 80미터 이상 깊은 곳에 묻혀 있기 때문에 미국의 '벙커 버스터Bunker Buster' 정밀 유도 폭탄의 파괴적인 폭발력에도 난공불락일 수 있다.

그러나 이스라엘은 이것도 문제가 되지 않는다고 장담했다. 국제전략문제연구소IISS의 연구원이자 군비 통제 전문가인 마크 피츠 패트릭Mark Fitzpatrick은 "이란의 핵 관련 시설은 난공불락이 아니다. 나탄즈 시설은 벙커버스터 폭탄에 취약하며 특히 두 번의 정밀 타격에 의해 무너질 수도 있다"라고 말했다. 실제로 미사일 한 발이 큰 구멍을 만들면 다른 미사일 한 발이 그 구멍을 뚫고 들어가 폭발하면 최소한 예민한 기계들을 고장 낼 정도의 진동을 줄 수 있다. 포르도에 있는 시설은 깊은 곳에 있어서 벙커 버스터로부터 시설을 보호할 수 있지만, 시설의 진입로와 통풍로를 폭파함으로 수개월 동안 가동을 중단시킬 수 있다는 의미다.

그런데 이런 군사 작전은 공격 무기와 능력만 갖추고 있다고 성공할 수 있는 것이 아니다. 이란 내부에서도 이스라엘 측에 정보 제공을 위해 도와줄 사람이 있어야 한다. 지난 2010년과 2012년 사이에 이란의 핵 과학자 4명이 수도 테헤란에서 암살되었을 때도 이들이 언제 어디로 어떻게 이동한다는 등의 정보가 어디서 나왔을까? 또 2021년 11월 27일 이란의 최고 핵 과학자 모센 파크리자데가 테헤란 동쪽 한 도로에서 경호 차량과 함께 이동하던 중에 암살당했을 때도 암살자들은 그에 대한 정확한 경로와 타이밍을 알고 있었다. 누가 이런 극비사항들을 제공했을까?

이런 일들은 주로 이스라엘의 정보기관 모사드가 제공한 것으로 보고 있다. 특히 모센 파크리자데의 경우 이스라엘의 모사드가 27년 전인 1993년부터 주변에 정보원을 심어놓아 끊임없이 감시해 왔다는 이야기가 언론에 공개된 적이 있다.

그러니까 이란에서 핵과 관련해서 가장 중요한 임무를 맡은 핵의 대부 파크리자데 주변에 27년 동안 모사드 정보원이 근접해 있었다는 것을 이란은 전혀 몰랐다는 것 아닌가? 이란이 무지했을까, 아니면 모사드가 그만큼 뛰어난 것일까?

이란이 자국의 핵 관련 중요한 시설과 인물들을 숨기고 보호해도 이미 이스라엘의 정보기관에서는 오래전부터 마치 자기 손바닥 들여다보듯이 모든 것을 알고 있었다. 다양한 방법으로 언제든지 핵무기 개발을 저지하기 위한 작전을 펼칠 수 있다는 것이다.

이스라엘은 이란의 핵 시설을 공격하기 위한 구체적이고 다양한 방법을 준비하고 있으며 이제 작전 실행을 눈앞에 두고 있다. 그렇다면 기어이 이란과 이스라엘은 한판 붙을 수밖에 없는 것일까?

도널드 트럼프 대통령 시절 이스라엘에서 미국 대사를 지냈던 데이비드 프리드먼David Freedman은 예루살렘을 떠나기 전 마지막으로 한 〈CBN〉과의 인터뷰에서 미국이 2015년으로 다시 돌아가는 것은 엄청난 실수이며 그동안 이스라엘에서 이루어낸 모든 성과가 무너지게 될 것이라고 염려했다.

2015년 버락 오바마는 핵 합의를 잘 지킬 줄 알고 이란을 너무 믿어서 핵 협상을 주도했을지는 몰라도 5년이 지난 후,

이란이 전혀 변하지 않았다는 것을 확인했는데도 조 바이든이 굳이 과거의 정책으로 돌아갈 필요는 없지 않을까?

물론 바이든 행정부는 이란 핵 합의 복귀를 서두르지 않겠다고 했지만, 그 뜻을 굽히지 않고 다시 복귀하게 된다면 앞서 설명한 것처럼 이스라엘은 이란을 향해 선제공격하겠다고 했다. 다행히 이스라엘의 선제공격으로 이란의 핵 의지를 완전히 상실시킬 정도로 핵 시설만 족집게로 집어내듯이 파괴하고 끝난다면 좋겠지만, 이것은 결국 큰 전쟁으로 확산될 것이 분명하다. 그렇게 되면 시리아, 레바논, 튀르키예와 러시아까지 이란 편에 서서 전쟁에 가담하게 될 것이다. 이렇듯 수많은 인류의 운명이 불행하게 될지도 모르는 엄청난 전쟁의 소식은 점점 더 가까워지고 있었다. 이 전쟁의 불쏘시개 역할을 바로 미국이 하겠다는 것이다.

19

이스라엘 대사관이 위험하다

2021년 1월 29일 오후 5시 11분경, 인도 뉴델리에 있는 이스라엘 대사관 밖에서 폭탄 테러가 발생했다. 다행인 것은 차량만 파손되었을 뿐 사상자는 발생하지 않았다. 이스라엘 당국은 이 폭발을 이스라엘 대사관을 겨냥한 테러 공격으로 간주하고 전 세계에 있는 이스라엘 공관에 대한 보안 조치를 강화했다.

이스라엘 대사관을 향한 테러는 누가 일으킨 것일까? 그 범인을 유추할 수 있는 중요한 편지 한 통이 현장에서 발견되었다. 편지 서두는 "테러리스트 국가의 악마, 테러리스트론 말카에게"라고 시작하며 이번 테러의 목표는 주인도 이스라엘 대사관과 대사임을 밝혔다. 그러면서 2020년 1월 미국의 드론 공격으로 사망한 이란의 이슬람 혁명수비대 사령관 카셈 솔레이마니와 이라크 민병대 최고 사령관 아부 마흐디 알 무한디스 그리고 같은 해 11월에 이란의 수도 테헤란 근처에서 암살된 핵 과학자 모센 파크리자데에 대한 내용이 적혀 있었다. 암살된 군사령관과 핵 과학자의 이름을 적은 편지가 이번 폭발 테러가 그 사건의 보복 차원이라는 것을 암시했다.

주인도 이스라엘 대사관 폭발 사고

편지에는 "이것은 단지 우리가 얼마만큼 너를 감시할 수 있는지를 보여 주는 예고편일 뿐이다. 아무리 열심히 우리를 떼어 내려 해도 우리를 멈출 수 없으며, 우리는 언제 어디서나 너의 삶을 끝낼 수 있다. 너에게 남은 것은 날짜를 세는 것뿐이다"라는 섬뜩한 내용도 적혀 있었다.

> The Terrorist, Devil of
> Terrorist nation. D. RON MALKA
>
> Its hereby inform you officially by the SarAllah india
> Hizbollah.
> This is just a trailer presented to you, that how we can
> observe you, from your eating to your pie. You are in the
> red eyes of red scanner, and you cannot stop our
> way no matter how hard you would lick. We can end
> your life anytime anywhere, but we want distroy your
> terror shelters, and we don't want flow the blood

주인도 이스라엘 대사관 폭발 현장에서 발견된 편지

    이번 폭발 사고뿐만 아니라 지난 세월 동안 전 세계 77개의 이스라엘 대사관, 21개의 영사관, 이스라엘 관련 건물들을 향한 끊임없는 테러가 있었다. 이란을 비롯해 이스라엘을 증오하고 미워하는 단체들이 직접적으로 이스라엘 영토는 공격하지 못하고 해외에 있는 이스라엘 정부 관련 건물과 외교관들을 공격하는 것이다.

    1969년 9월 8일에는 네덜란드 헤이그와 독일 본에 있는 이스라엘 대사관, 벨기에 브뤼셀에 있는 이스라엘 국적 항공사 엘알ELAL의 사무소가 폭탄과 수류탄 공격을 받았다. 1972년 영국 런던에서는 이스라엘 대사관의 농무관이 폭탄이 설치된 편지를 받고 사망했으며 1982년 4월 3일 프랑스 파리에서는 이스라엘 대사관 담당관 한 사람이 총격으로 사망했다.

1992년 3월 17일 아르헨티나 부에노스아이레스에서는 이스라엘 대사관이 폭탄으로 파괴되었고, 이 테러로 인해 이스라엘 대사관 직원 3명과 현지 대사관 직원 6명 그리고 주변을 지나던 민간인까지 사망하는 엄청난 사건이 있었다.

2년 뒤인 1994년 7월 18일 또다시 아르헨티나 부에노스아이레스의 이스라엘 아르헨티나 친선협회 건물에서 폭탄이 터져 최소 85명이 사망 하고 3백 명의 부상자가 발생한 대형 테러가 있었다.

이것 말고도 이스라엘을 대상으로 한 테러는 이보다 훨씬 더 많았다. 그리고 그 테러들의 범인들은 주로 이란이나 이란이 지원하는 테러 단체들로 밝혀졌다. 그러니 이번에 주인도 이스라엘 대사관 폭발 테러 사건의 배후가 이란이라고 의심할 만한 이유는 충분하다.

앞서 편지 내용에도 적혀 있었던 카셈 솔레이마니 장군과 모센 파크리자데 암살 이후 이란은 이스라엘을 향해 여러 차례 보복을 선언해 왔다. 그리고 그 보복은 이란이 직접 할 수도 있고, 세계 최악의 테러 지원국인 이란의 사주를 받은 테러 단체가 대신할 수도 있다. 그래서 이스라엘은 세계 각국에 있는 이스라엘 대사관과 영사관이 테러 공격의 대상이 될 수 있다는 사실을 알고 보안을 강화하였다.

그래서 이번 인도 주재 이스라엘 대사관 테러는 실패로 끝날 수 있었다. 그런데 편지 맨 마지막에 범인이 누구인지를 유추할 수 있는 결정적인 문구가 적혀 있었다. 편지의 작성자가 자신을 사랄라 인도 헤즈볼라라고 밝혔다.

헤즈볼라는 레바논의 테러 조직이다. 1982년 이스라엘과 레바논 전쟁에서 시아파 민병대로 조직되어 이란으로부터 돈과 무기를 지원받는다. 병력 규모는 약 6만 5천 명에 달하며 러시아와 이란에서 무기를 구매하는 이 조직은 레바논의 정규군보다 더욱 강력한 무기를 소유하고 있다. 사정거리가 200킬로미터에 달하는 젤잘-2 미사일 등 1만 2천 기 이상의 로켓과 미사일 및 폭탄을 탑재한 무인 항공기를 보유한 것으로 알려져 있다.

게다가 헤즈볼라의 주요 활동 무대는 레바논 남쪽 이스라엘 국경 근처와 시리아 남쪽 이스라엘 국경 인근이라 이스라엘에는 무시할 수 없는 매우 큰 위협이 될 수밖에 없다.

더욱이 헤즈볼라는 이스라엘과 유대인을 증오하기 때문에 이스라엘 영토 공격은 물론이고 전 세계 이스라엘 관련 기관과 단체를 향해 테러를 일으켜 왔었다. 특히 앞서 소개한 1992년과 1994년 아르헨티나에서 일어난 대규모 테러 사건들의 주체가 헤즈볼라인 것으로 알려져 있다. 또 2009년 4월, 이스라엘과 국경을 맞댄 이집트 시나이반도의 휴양지 세 곳에서 이스라엘 관광객 등을 겨냥한 동시 테러 감행 계획이 사전에 발각되기도 했다. 지금도 가자 지구의 테러 단체 하마스와 긴밀하게 협력하며 이스라엘 공격을 돕고 있다.

그런가 하면 헤즈볼라는 이슬람 시아파를 기반으로 하다 보니 같은 레바논 사람일지라도 종교적으로 종파가 다른 수니파를 향한 공격도 서슴없이 자행한다.

2013년 12월 27일, 레바논의 수도 베이루트에서 시리아의 반정부 세력 지원 방안을 논의하러 가던 수니파 소속 재정장관을 향해 차량 폭탄 테러를 일으켜 70여 명의 민간인 사상자가 발생하기도 했다.

헤즈볼라는 미국을 향해서도 거센 공격을 가했다. 1983년 4월 18일, 레바논 주재 미국 대사관 건물에 차량을 이용한 자살 폭탄 테러를 일으켜 40여 명이 사망했고, 같은 해 10월 23일에는 레바논 내 미국 해병대 본부에 자살 폭탄 테러를 일으켜 미군 241명이 사망하는 참담한 사건이 있었다.

이렇듯 헤즈볼라는 전 세계 어디서든 그리고 이스라엘인이든 미국인이든 종파가 다른 수니파 아랍인이든 그야말로 상대를 가리지 않고 마음에 들지 않으면 무조건 제거해 버리는 무법천지의 조직이다.

1983년에 발생한 주레바논 미국 대사관 폭발 사건

이런 행위로 인해 이스라엘과 미국, 독일, 영국, 일본, 캐나다, 프랑스, 호주 심지어 아랍 연맹까지도 헤즈볼라를 테러 조직으로 규정했지만, 중국과 북한, 이라크, 이란, 러시아, 아프가니스탄, 인도 등은 테러 조직으로 규정하지 않고 좋은 관계를 유지하고 있다. 그래서 인도 뉴델리에서 이스라엘 대사관 테러 사건이 일어난 것일지도 모른다.

협박 편지의 내용과 조사 내용을 토대로 이 테러 사건의 범인은 인도 헤즈볼라이며 그 배후는 이란이라는 것을 어렵지 않게 밝혀낼 수 있었다. 과거에 그러했듯이 지금까지도 이란이 경제적으로 군사적으로 지원하는 테러 조직을 이용해서 공격을 가한 것으로 보인다. 이란의 경제는 매우 어려운 상황이고 실업률도 사상 최고로 높다. 이 와중에도 레바논의 헤즈볼라, 가자 지구의 하마스, 아프가니스탄의 탈레반, 빈 라덴의 알카에다, 나이지리아의 보코하람, 시리아의 알 아사드 정권, 예멘의 후티 반군 등 전 세계의 200여 개 테러 조직을 꾸준히 지원하고 있다.

한 가지 더 놀라운 사실은 이스라엘의 〈타임 오브 이스라엘〉의 보도에 따르면, 인도의 이스라엘 대사관 폭발 사고 직후 에티오피아의 수도 아디스아바바에 있는 아랍 에미리트 대사관에도 테러 공격이 일어날 뻔했는데 다행히 공격 전에 이란 테러 조직의 용의자 16명이 체포되었다.

에티오피아 당국은 조사 과정에서 이 테러 조직이 아프리카 수단에 있는 아랍 에미리트 대사관 공격도 동시에 계획했던 것으로 밝혀졌다. 이는 2020년 8월 13일, 이스라엘과 아랍 에미리트 두 국가 사이에 맺어진 아브라함 평화협정에 대한 경고성 테러 시도였다.

이집트와 요르단에 이어서 페르시아만 국가 중에서는 첫 번째로 아랍 에미리트가 이스라엘과 평화협정을 맺은 이후 연이어 바레인, 수단까지도 이스라엘과 평화협정을 맺는 등 아랍 국가들이 계속해서 이스라엘과 우호적인 관계를 이어가는 것에 대한 불만 표시다. 또한 다른 아랍 국가들이 이스라엘과 평화협정을 맺을 경우 그 대가를 톡톡히 치르게 하겠

헤즈볼라 국기를 들고 서 있는 대원

다는 경고다. 이렇듯 이스라엘과 이란 사이에는 팽팽한 긴장감이 이어지고 있다.

2021년 1월에는 이스라엘이 여러 차례 시리아 동부와 남부, 서부의 친이란 시리아 민병대 기지를 폭격했고, 2월 1일과 3일에는 헤즈볼라가 레바논 남부에서 이스라엘군 드론을 격추했다고 발표했다. 그러자 또다시 이스라엘은 곧바로 시리아 남부에 있는 헤즈볼라 기지를 공습했다.

2020년 12월 27일, 헤즈볼라의 지도자 하산 나스랄라 Sayyid Hassan Nasrallah는 아랍권 위성방송 〈알마야단〉과의 인터뷰에서 "우리는 이스라엘 전역을 타격할 수 있는 무기를 갖추었다. 이제는 아무도 우리를 얕잡아 볼 수 없다"라고 이야기했다. 그러면서 미국의 도널드 트럼프 행정부를 향해서도

"더 이상 쓸데없는 분란을 일으키지 말고 조용히 사라지라"고 할 만큼 기고만장한 행태를 보였다. 헤즈볼라가 이렇게 자신만만할 수 있는 이유는 이란과 러시아를 믿기 때문이다.

이란은 국제 사회에 더 이상 핵을 개발하지 않겠다고 약속했지만, 비밀리에 꾸준히 핵 개발을 시도하면서 국제 사회를 속여 왔다. 그런데도 미국의 조 바이든 행정부는 이란과의 핵 합의를 다시 복원하겠다고 한다. 이스라엘은 미국이 이란과의 핵 합의 복귀를 위해 협상 테이블에 앉게 된다면 어쩔 수 없이 이란의 핵 시설을 선제공격할 수밖에 없다는 입장을 분명히 밝혔다.

미국과 이란이 가까워지면 가까워질수록 이스라엘은 이란을 향한 공격 태세를 더욱 강력하게 취할 수밖에 없다. 이란은 그들이 지원하는 여러 테러 조직을 이용하여 전 세계에 흩어져 있는 이스라엘 대사관과 유대인 관련 단체 등 유대인들을 대상으로 테러를 계획하고, 이 순간에도 폭탄을 터트리기 위해 준비하고 있을 것이다.

이번 폭탄은 인도 뉴델리에서 터졌지만, 다음 폭탄은 또 어느 나라에 있는 이스라엘 대사관에서 터질지 모를 일이다. 이란이나 헤즈볼라는 그 틈새를 찾기 위해 부단히 노력하고 있을 것이다.

20

이란과 가까워지는 중국, 이를 지켜보는 이스라엘

도널드 트럼프는 2020년 11월 대선을 앞두고 이스라엘과 중동 문제로 발걸음이 바빴다. 이란의 핵 보유 야욕과 중동 패권에 대한 계획에 대응하기 위해 걸프만 국가들과 구체적으로 움직여야 했기 때문이었다. 그 결과 2020년 말, 도널드 트럼프의 주도하에 이스라엘은 아랍 에미리트, 바레인과 아브라함 협정 Abraham Accords을 체결하기에 이르렀다. 이 협정으로 아랍 에미리트는 미국의 첨단 무기를 구입할 수 있게 되었고 이스라엘도 걸프 국가에 무기를 판매할 수 있게 되었다.

무엇보다도 아브라함 협정을 통해 전통적으로 이스라엘과 적대 관계를 유지해 왔던 아랍 걸프 국가들이 이스라엘과 우호적인 관계를 맺게 되었다. 따라서 이스라엘 군사력이 이란의 국경 바로 앞에서 이전보다 자유롭게 활동할 수 있게 되었다. 이란으로서는 여간 불편하고 위협적인 협정이 아닐 수 없다.

미국으로서는 아브라함 협정을 통해 이란을 억제하는 지역 연합을 구성하고 힘의 균형을 유지하면서 이란을 더욱 압박하고 동시에 강력한 경쟁국인 중국에 좀 더 집중할 수 있는 고도의 외교 정책이었다.

그런데 조 바이든이 대통령으로 취임한 이후 이란과의 핵합의 복귀를 약속하면서 이란과 다시 협상 테이블에 앉았다. 도널드 트럼프가 차려놓은 밥상을 한 번에 뒤엎는 형국이었다. 하지만 이란과 조 바이든의 입장은 달랐다. 이란은 미국이 먼저 이란을 향한 경제 제재를 해제하지 않으면 절대로 협상하지 않겠다고 버티면서 조 바이든의 계획도 사실상 답보 상태에 빠지게 되었다.

그런 와중에 2021년 3월 27일, 이란은 세상을 놀라게 하는 발표를 했다. 테헤란을 방문한 중국의 왕이 외교 담당 국무위원 겸 외교부장이 이란과 경제 및 안전보장 등에서 25년 동안 협력하는 포괄적 장기 협정을 체결하고 이 협정에 사인한 것이다.

구체적인 협정 내용으로는 중국이 이란의 에너지 부문은 물론 철도와 고속통신 5G 구축 등에 투자하는 대신 이란은 중국에 원유와 천연가스를 저가에 안정적으로 공급하겠다는 것이었다. 좀 더 자세히 들여다보면 중국은 향후 25년 동안 총 4천억 달러(한화 약 452조 6천억 원)를 이란에 투자할 계획이다. 그중 2천8백억 달러를 에너지 부문에, 1천2백억 달러를 수송과 통신, 제조 부문에 투자하고 중국은 이란으로부터 안정적인 원유를 공급받는다는 내용이다. 또한 합동 군사 훈련과 군사 협력도 협정 내용에 들어 있었다.

중국 왕이 외교 부장(오른쪽)과 자바드 자리프 이란 외교부 장관(왼쪽)(사진 출처-VOA)

중국은 이미 2019년 12월에 이란, 러시아와 함께 인도양과 오만Oman만에서 연합 훈련을 실시한 적이 있을 정도로 이란과 군사 협력 관계를 유지해 왔다.

중국은 왜 이렇게 이란에게 점점 다가가고 있는 것일까? 중국은 일대일로One Belt One Road라는 계획을 실행 중이다. 이는 동남아시아, 중앙아시아, 서아시아, 아프리카, 유럽을 잇는 인프라로 무역, 금융, 문화 교류의 경제 벨트, 곧 21세기 실크로드를 구축해 전 세계에서 중국의 영향력을 크게 확장하려는 계획이다. 이 계획에 따라 중국은 중동에서의 영향력을 키우기 위해 특히 이란을 교두보로 삼고 싶어 했다. 그래서 러시아, 중앙아시아 등과 결성한 상하이 협력 기구에 끌어들이려는 계획을 꾸준히 추진해 왔다. 이런 중국은 최강국인 미국과 경제와 안보, 인권을 비롯한 여러 부분에서 강한 마찰을 빚고 있었다.

중국의 시진핑 지도부는 미국 행정부와의 장기 대립을 염두에 두고 미국과 갈등을 빚는 국가들과 연대를 강화하고 그 카드로 이란을 선택했다. 그래서 이란을 통해 중동 내 영향력을 강화하고 미국의 견제와 압박에 대해 대응하려는 것이다.

그럼 이란에 중국과의 25년간 포괄적 장기 협정의 가치와 의미는 무엇일까?

이란의 모하마드 자바드 자리프 외무 장관은 중국을 향해 "어려운 시기의 친구"라고 강조하며 "이란을 상대로 한 잔혹

한 제재의 시기에 중국의 소중한 입장과 행동에 감사를 표한다"라고 했다. 미국의 경제 제재로 인해 이란의 경제가 많이 위축된 가운데 중국이 천문학적인 투자를 하겠다고 하니 이란으로서는 그야말로 가뭄의 단비였을 것이다.

그런데 미국 〈월스트리트저널〉에 따르면 이란은 이 협정을 통해 확보된 재원으로 이란 혁명수비대와 예멘, 시리아, 이라크 내 시아파 계열 무장 세력에 대한 투자와 지원을 지속하고 강화할 것으로 보인다고 예측했다. 이란과 중국이 공동 블록을 형성하여 이란과 이란의 대리 세력에 대한 국제 사회와 유엔의 제재에 제동을 걸 수도 있을 것으로 예측한 것이다.

이런 예측이 가능한 이유는 중국은 유엔 안전보장이사회의 상임이사국으로 안보리 결의안에 대한 거부권을 행사할 수 있기 때문이다. 그러니 이란에 대한 부정적인 결의안이 상정될 경우 중국은 거부권을 행사할 것이다.

미국의 조 바이든 대통령만 더욱 골치 아프게 되었다. 미국과 유럽은 이란을 향해 하루빨리 핵 합의를 하자고 재촉하고 있지만, 이란은 지금 당장 아쉬운 것이 없다. 오히려 협상 대상 국가들을 향해 더욱 공세적으로 나올 뿐이다. 미국에 버금가는 경제 대국인 중국이 뒤를 받쳐주고 있으니 더욱 아쉬운 것이 없는 것이다.

더구나 아브라함 협정을 통해 중동 내에서 이란에 대항하고 이란을 고립시키려는 동맹 관계가 맺어진 상황에서 이란은 반대 세력들과 또 지지 세력들에게 강력한 우군이 있다는 것을 보여 줄 수 있게 되었다. 이 모든 상황이 이스라엘에는 반갑지 않은 소식이다.

이스라엘 언론에 따르면 이란은 중국과의 군사 교류를 통해 미사일 프로그램을 대폭 개량하고 시리아, 레바논, 가자, 예멘의 후티 반군 등 대리 세력에 전달할 것이다. 또 중국 자본을 통해 이란의 대리 세력의 군사력이 더욱 강화될 것으로 예측하였다. 만약 그렇게 된다면 힘을 잔뜩 키운 이란의 대리 세력들이 어디를 공격할까? 당연히 이스라엘이다.

이란과 중국이 맺은 협정에는 이란 정권이 중국의 바이두 Baidu GPS 위성 네트워크에 접속할 수 있는 새로운 5세대 통신망을 구축할 계획이라는 내용도 포함되어 있다. 이란이 중국의 바이두 GPS 시스템에 접속한다는 것은 이스라엘의 감시를 쉽게 피할 수 있고, 중국의 지원을 통해 사이버 공격으로부터 핵 프로그램을 방어할 수 있게 된다는 것이다.

이스라엘의 입장에서는 국가 안보 면에서 불리한 부분이 생겼지만, 그렇다고 중국의 이런 행보를 마냥 비판만 할 수 없는 상황이다. 중국은 이스라엘과도 밀접한 관계를 유지하

이스라엘의 아쉬돗 항구(사진 출처-Indiashipping News)

고 있기 때문이다.

   2015년 홍콩에 본부를 둔 상하이 국제항구그룹은 경쟁 입찰을 통해 이스라엘에서 가장 큰 항구 도시 하이파Haifa 항구와 아쉬돗Ashdod 항구를 2021년부터 향후 25년간 운영할 수 있는 신규 부두 관리권을 확보했다. 중국철도공정총공사 산하의 자회사와 이스라엘 업체가 설립한 공동 경영체가 2015년 5월에 이스라엘 텔아비브 경전철 레드 라인 프로젝트를 낙찰받았다.

이 프로젝트는 이스라엘 건국 이래 최대 규모의 정부 지원 인프라 사업 중 하나다. 예산만 해도 총 31억 세겔(한화로 약 1조 원) 이상에 달하는 규모다. 그뿐만 아니라 그동안 중국은 IT 등 각종 첨단 기술 분야에서 첨단 기술을 개발한 이스라엘 기업을 인수하거나 대규모 투자에 나섰는데 〈로이터통신〉에 따르면, 2016년 중국이 이스라엘 벤처 기업을 사는 데 쓴 돈만 165억 달러(한화 약 18조 6천억 원)에 이른다.

그리고 중국 기업 알리바바, 바이두, 샤오미 등 수많은 중국 회사가 이스라엘 기반의 벤처 펀드와 스타트업에 투자하고 이스라엘에 연구개발센터를 설립하는 등 기술 투자에 나서고 있다. 이스라엘에서 중국으로 가는 수출품의 물량도 많아졌다.

이스라엘의 IT 관련 물품 중 반도체 수출이 꾸준히 늘어나고 있는데 이스라엘 수출협회에 따르면 2018년 대중국 반도체 수출 규모가 28억 달러(한화 약 3조 1771억 원)이다. 또 2018년 이스라엘의 반도체 생산 전용 검사 장비 수출도 64퍼센트 대폭 증가해 4억 5000만 달러에 달했다.

그동안은 미국 다음으로 영국이 큰 시장이었지만, 이제는 영국의 자리에 중국이 들어서면서 이스라엘 내 중국의 영향력이 매우 커졌다는 얘기다.

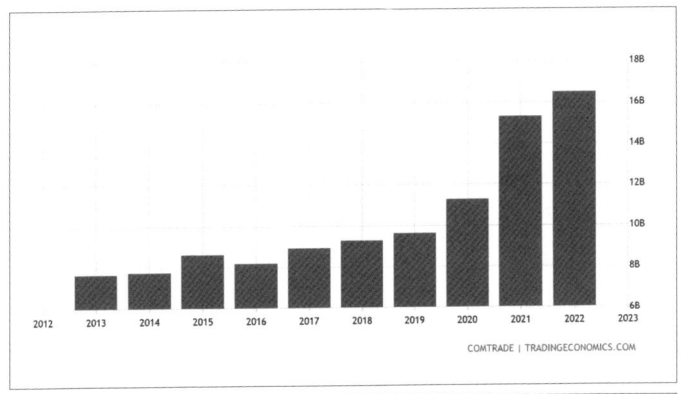

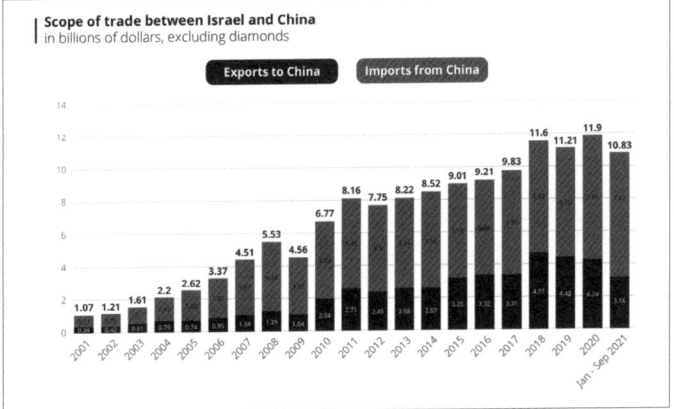

* 10년간 중국이 이스라엘에 수출한 물량(자료 출처-Trading Economics)
* 20년간 이스라엘과 중국의 무역 거래량

그래서인지 중국 항공사들은 텔아비브로 가는 직항로를 개설하고 부지런히 중국 사업가들을 이스라엘로 실어 나르고 또 이스라엘 기업가들을 중국으로 불러들이기 시작했다. 그렇기 때문에 이스라엘은 중국을 마냥 비난하고 외면할 수 없는 상황이다.

이런 상황들을 통해 알 수 있는 한 가지 확실한 사실은, 중국은 거대 자본을 통해 중동에서의 영향력을 확장하고 미국에 대항하기 위해 이란과 이스라엘을 이용한다는 것이다.

중국과의 협정을 반대하는 시위(사진 출처-Epoch Times)

그런데 이란 내부에서도 중국과의 25년간 포괄적 장기 협정에 대한 우려와 반대의 목소리가 들려 나왔다. 심각한 경제난을 겪는 이란에 중국 돈이 몰려온다는 소식을 이란 국민이 반길 것 같지만, 중국과의 협정을 반기지 않는 대다수 국민도 있다는 것이다. 이란의 소셜 미디어에는 중국과의 협정에 반대하는 글들이 많이 올라오고, 이란 시민들은 의사당 앞에서 이란은 판매 대상이 아니라며 항의 시위를 벌이기까지 했다.

마흐무드 아흐마디네자드Mahmoud Ahmadinejad 전 이란 대통령조차 중국과의 새로운 협상이 '큰 실수'라고 비판했다. 이란 국민이 중국과의 협정을 반대하는 이유는 이미 타국에 의해 휘둘린 경험이 있기 때문이다.

제2차 세계 대전 이후 영국은 이란에 원유 생산 회사를 설립해서 원유를 독차지하고 부지런히 영국으로 가져가면서도 이란 국민에게는 거의 돈을 주지 않았던 과거가 있다. 1951년 모하메드 모사데그가 이란의 총리로 선출되면서 이란에 있는 영국 석유회사를 모두 내쫓고 모든 유전을 국유화하는 조치를 내리기는 했지만, 이미 많은 원유를 영국에 도둑질당한 후였다.

이란 국민은 이런 과거의 일들이 재연될 것을 두려워하는 것이다. 과거의 영국처럼 중국은 무상으로 원유를 가져가지 않고 대금을 지불하겠지만, 시장 가격보다 훨씬 싼 가격으로

25년 동안 원유 거래가 이어지고 그동안 중국의 돈에 길들면 이란 정부와 국민은 중국의 요구에 응하지 않을 수 없다는 것을 염려한 것이다. 아무튼 이란과 중국은 점점 더 가까워지고 있다. 그리고 그 연합은 이스라엘에는 위협이 될 것이다. 이것은 이미 예견된 수순이다.

21

이스라엘과 이란, 전쟁은 바다에서 시작되는가?

2021년 2월 17일, 이스라엘의 아름다운 지중해 근처에 사는 사람들은 평소와 다름없이 바닷가에서 조깅하기 위해 해안가에 도착했을 때 기겁하지 않을 수 없었다. 그 아름답던 해안가가 1천 톤 이상의 시커먼 타르tar로 뒤덤벅이 되었고 타르를 뒤집어쓴 물고기 떼가 해변으로 밀려들었기 때문이다. 심지어 몸길이 17미터의 거대한 긴수염고래가 죽은 채 떠밀려왔고, 바다거북 등 동물들과 조개류 등이 모두 폐사해 널브러져 있었다. 이스라엘 건국 70여 년 만에 가장 끔찍한 환경오염 문제가 발생한 것이었다.

이스라엘 환경보호부 장관 길라 감리엘Gila Gamliel은 이는 단순한 실수에 의한 기름 유출이 아니라 이스라엘을 향한 환경 테러 시도이며 그 배후에 이란이 있다고 단정 지었다. 그

이스라엘 해안가를 덮은 오일 타르(사진 출처-Forbes)

근거는 과연 무엇일까?

　누가 왜 이런 기름 유출 사고를 일으켰는지 이스라엘 정부가 그 원인을 찾아나선 것은 당연한 일이었다. 마침내 환경보호부는 해변으로부터 50킬로미터 떨어진 해상에서 처음 기름 유출이 목격되었고, 그 부근을 지나간 선박 10여 척을 조사했다.

　그리고 에메랄드라는 이름의 리비아 선박의 수상한 행적이 드러났다. 에메랄드호는 이란에서 시리아로 석유를 불법 수송하고 있었다. 이란 하르그Kharg 섬에서 석유를 싣고 페르시아만과 홍해를 거쳐 수에즈 운하를 통과한 에메랄드호는 이란의 항구를 떠나 홍해로 들어올 때까지도 위성 자동식별 장치인 AIS를 끄고 운항하다가 수에즈 운하를 통과할 때만 잠시 켰는데 이스라엘 앞바다를 지날 때는 또다시 자동식별 장치를 끄고 운항했다는 것이다. 에메랄드호가 2월 1일과 2일 이스라엘 항구 도시 하이파 앞 바다에 이르렀을 때 기름을 일부러 방출했다는 것이다.

이때만 해도 이스라엘 사람들은 앞바다에서 이런 일이 일어났는지도 모르고 있다가 약 보름이 지난 2월 17일 겨울 폭풍이 시꺼먼 타르층을 해변으로 몰고 온 후에야 알게 된 것이다.

도대체 에메랄드호의 정체는 무엇일까?

리비아 선박 에메랄드호(사진 출처-Splash247)

미국의 버락 오바마가 2018년 5월에 이란과 맺은 핵 합의는 최악의 협상이라며 일방적으로 파기를 선언하고 탈퇴한 도널드 트럼프는 이란을 향해 더욱 강력한 경제 제재를 하겠다고 선언했다. 이란산 원유 수출을 규제하고 미국의 동맹국들에 구매 금지령을 내렸다. 그뿐만 아니라 강력한 국제 금융 제재를 통해 이란의 원유 대금 송금 등 금융 거래도 모두 강력하게 금지했다. 이란은 예전에 판매한 원유 대금도 받지 못하는 사면초가의 상황이었고 이란의 경제 사정은 아주 피폐해졌다.

이런 상황에서 이란이 생각해 낸 것이 바로 시리아에 원유를 몰래 밀수출하는 것이었다. 이란에서 원유를 사들인 시리아는 원유 대금을 이란에 직접 전달하는 방식이 아닌 이란의 대리 세력인 레바논의 헤즈볼라에게 대금을 전달하고, 헤즈볼라는 그 돈을 이스라엘 공격 테러 자금으로 사용하였다.

이란은 미국의 원유 수출 제재 이후에도 몰래 시리아에 원유를 보내고 있었다. 그 원유를 밀수출하기 위해 이란의 항구와 시리아의 항구를 비밀리에 부지런히 오갔던 유조선이 바로 에메랄드호다. 이렇게 비밀리에 다녔던 선박이 단지 에메랄드호 한 척 뿐이었을까? 그리고 그 선박들이 단지 기름만 싣고 다녔을까? 이란이 중동의 여러 국가에 판매하기 위한 무기를 실은 선박들도 있었다. 이것을 이스라엘이 몰랐을 리 없다.

미국의 〈월스트리트저널〉에 따르면 "이스라엘이 해군 지뢰 등 무기를 이용해 2019년 말부터 이란산 석유를 불법으로 시리아로 운반하는 선박 12척을 홍해와 지중해 공해상에서 공격한 것으로 추정된다. 그중에 세 차례의 공격은 2019년도에 발생했다"고 보도했다. 한 해운 전문가는 2020년 한 해 동안 여섯 차례나 이란 화물선이 공격받았다고 했고, 2021년 2월, 레바논에 정박 중이던 이란 유조선에도 이스라엘 공작원들이 '선체 부착 폭탄'을 설치했다고 주장했다.

물론 이런 일들은 이스라엘 측에서 공식적으로 발표한 적은 없으며 공격받은 이란도 공식적으로 이야기하지 않았다. 하지만 영국의 유력 일간지 〈더 타임스〉는 이스라엘의 정보기관 모사드와 이스라엘군 정보 당국이 공동으로 시리아행 이란 선박을 식별 및 추적했을 것이며 해군 특수부대가 이 작전을 수행했을 것으로 추정한다고 보도했다. 게다가 2020년에 이스라엘이 이란의 나탄즈 핵 시설을 공격한 것에 이어 모센 파크리자데 이란 핵 과학자를 암살한 일로 인해 이란도 이스라엘을 향한 복수를 다짐하며 이를 공개적으로 천명했다. 에메랄드호가 이스라엘 앞바다에서 일부러 기름을 유출

한 것도 바로 이스라엘의 공격에 보복하기 위한 차원으로 이루어진 것으로 보고 있다.

이스라엘을 향한 이란의 보복 공격은 기름 유출 사건 이후 며칠 뒤 오만 앞바다에서 또 이스라엘 선박을 향해 보복 공격을 했다. 새 자동차들을 싣고 이스라엘 남단 에일랏Eilat으로 향하던 헬리오스 레이Helios Ray라는 이름의 거대한 화물선에서 여러 개의 선체 부착 폭탄이 터지면서 선체 앞부분 두 곳이 1.5미터 크기로 심하게 손상되었다. 다행히 선원 중에 다친 사람은 없었지만 결국 화물선은 두바이에서 수리받아야 했다.

이란의 공격을 받은 이스라엘의 화물선 헬리오스 레이

공격을 받은 헬리오스 레이 선박

이스라엘이 가만있을 리가 없다. 오만에서 테러 공격을 받은 지 2주 후에 2021년 3월 10일 〈메흐르〉 통신 등 이란 매체는 국영 해운업체 소속 화물 컨테이너선 샤흐레코드 Shahrekord호가 유럽으로 가던 중 지중해에서 테러 공격을 받았는데 그 배후에 이스라엘이 있다고 보도했다.

이란 수사 당국자는 "지리적 위치와 선박이 공격받은 방식 등을 고려할 때 이번 테러 작전은 시온주의자 정권, 즉 이스라엘에 의한 것일 가능성이 매우 높다"고 주장했다. 이스라엘 정부는 이번 사건과 관련해 공식적으로 언급하지는 않았다. 다만 베니 간츠 이스라엘 국방부 장관은 3월 13일 한 행사에 참석해 "이란이 역내 세력들에게 지속해서 무기를 제공하고 있는데 우리는 이런 무기 공급 등을 저지하고 있다"고 밝혔다.

그런데 얼마 지나지 않아 또다시 이란의 공격이 이어졌다. 3월 25일, 오만만 인근 해역에서 이스라엘 선사 소유 컨테이너선에 미사일을 발사했다. 다행히 공격으로 인한 손상은 경미했고 인명 피해도 없었다. 이렇듯 이스라엘과 이란은 지중해 앞바다에서 그리고 오만 앞바다에서 서로의 화물선과 유조선을 향해 공격하고 공격당하는 전쟁 같은 일들을 벌이고 있다.

이란은 미국과 국제 사회의 강력한 경제 제재로 인해 심각해진 경제난을 해결하기 위해 선박을 이용해 시리아와 원유 거래를 은밀히 지속하고 있다. 이란 선박은 허위 행선지를 신고하고 은밀히 이동하며 때로는 유조선에서 다른 선박으로 원유를 옮겨 싣는 방법으로 추적을 피하기도 했다. 이란 혁명수비대가 관리하는 것으로 알려진 이 유조선들은 수억 달러어치의 원유를 실어 나르고, 각종 무기와 테러 자금을 바닷길을 이용해 시리아를 포함한 이란의 군사적 동맹국들을 향해 열심히 나르고 있다.

이란은 국제 사회와 약속한 저농축 우라늄 농도 3.67퍼센트를 무시하고 2021년 1월 4일, 20퍼센트로 농축 농도를 높여 17킬로그램이나 생산했다고 발표했다. 심지어 이란 최고 지도자 아야톨라 알리 하메네이는 우라늄을 60퍼센트까지 농축할 권리가 있다고 큰소리치기도 했다. 핵무기를 만드는 데 필요한 우라늄 농축 농도 90퍼센트에 이르기까지 그 속도가 점점 빨라지고 있다. 한마디로 이란은 핵무기를 손에 쥐기 위한 목표치에 매일매일 가까이 다가가고 있다.

핵무기를 만들기 위해 물불 가리지 않는 이란의 행동에 대해 국제 사회가 힘을 모아 막아내면 좋겠지만, 브레이크가 파열된 이란의 무한 질주로 인해 가장 큰 피해를 볼 수밖에 없는 이스라엘의 입장에서는 직접 나서서 막지 않으면 안 된다는 절박한 상황이다. 그래서 지금도 지중해 앞바다에서는 이런 공격들이 일어나는 중이다.

마침내 이란은 이스라엘의 아름다운 지중해 해안가 190킬로미터 중의 사분의 삼을 두꺼운 타르층으로 뒤덮고 말았다. 이스라엘 환경보호부는 타르를 걷어내는 데는 수개월 이상 걸릴 것으로 예상했다. 지난 2007년 우리나라 태안 앞바다에 유조선 충돌 사고로 인해 검은 기름이 뒤덮였을 때 수많은 자원봉사자가 손으로 일일이 씻어내고 닦았던 것처럼 이스라엘에서도 수많은 자원봉사자가 바닷가로 몰려가 검은 타르를 걷어내고 닦았다.

아름답기로 이름난 이스라엘의 해안가가 검은 타르에 뒤덮였으니 피해는 이만저만이 아니었다. 실수로라도 환경오염을 유발해서는 안 된다. 의도적으로 생태계를 파괴하는 환경 테러는 사실 이슬람 국가들의 전매특허나 다름없다. 1990년 8월에 일어난 걸프 전쟁 때도 쿠웨이트를 점령했던 이라크가 의도적으로 유전에 불을 질러 얼마나 많은 환경오염이 일어났던가?

이란은 핵 개발을 중단해야 한다. 최근 몇 년 동안 일어나고 있는 이스라엘과 이란의 갈등 그리고 군사적 충돌과 대규모 전쟁의 예고들은 이란의 핵 문제 때문에 일어나는 일들이다.

이란은 평화적인 목적을 위해 핵을 개발한다고 말하지만 결국 그 핵으로 핵미사일을 만들 것이고 그 핵미사일은 언젠가 반드시 이스라엘과 미국을 향해 날아올 것이다. 이란은 세계 평화가 아니라 세계를 핵무기의 공포 속으로 몰아넣을 것이다. 사실 이란의 이런 노력과 시도는 모든 이란 국민이 원하는 바도 아니다. 이란 국민은 정부가 핵무기를 포기하고 국제 사회로부터 경제 지원을 받아 사람답게 살기를 원한다. 단지 이란의 정치 지도자 그리고 종교 지도자들의 고집과 욕망 때문에 핵을 고집한다는 사실을 알아야 한다. 그리고 이스라엘은 지금 그 야욕을 혼자의 힘으로 막아내는 중이다.

22

드디어 이란의 손에 핵무기가 쥐어지는가?

우려했던 일은 모두의 예상보다 훨씬 빠르게 나타났다. 2021년 4월 중순, 이란과 미국 사이의 핵 합의 복원을 모색하기 위한 미국과 이란의 간접 대화에서 일부 진전이 있다는 소식이 급하게 알려졌다. 보도에 따르면 정치적으로 해결해야 할 부분이 있지만, 목표를 향한 특정 단계에 합의하는 방향으로 나아가고 있다면서 협상 내용이 초안 작성 단계에 접어들었다는 내용이었다.

그렇다면 이란과 미국 사이에 핵 합의가 정말 복원되고 드디어 이란은 그들이 원하는 핵무기 개발에 한 발자국 나아가는 것일까? 이스라엘은 더욱 초조해지기 시작했다.

미국의 조 바이든은 대통령 후보 시절부터 이란과의 핵 합의에 복귀할 것이라고 꾸준히 이야기해 왔다. 그리고 2021년 1월 대통령으로 취임한 이후 본격적으로 핵 합의 복귀를 위한 준비를 했는데 특히 미국은 이란이 과거의 핵 합의 내용을 무시하고 지키지 않은 것들을 되돌려 놓으라고 요구해 왔었다.

이에 대해 이란은 트럼프 정부의 일방적 핵 합의 탈퇴를 문제 삼으며 경제 제재 해제가 우선이라는 입장을 계속해서 주장하면서 두 나라 간 합의 복귀를 위한 진전은 답보 상태였다.

2021년 4월 6일부터 오스트리아 빈에서 이란과의 핵 합의 복원을 위한 다자간 협상이 진행되었다. 다만 미국은 이란의 거부로 회의장 안으로 들어가지도 못한 채 다른 장소의 간접적인 위치에서만 회의에 참여할 수 있었다. 대신 유엔 안보리 상임이사국인 중국, 러시아, 프랑스, 영국 그리고 상임이사국은 아니지만 독일이 이란과 마주 앉아 중간 다리 역할을 하였다.

이 회의에서는 미국이 그동안 요구했던 것처럼 이란의 우라늄 농축 농도를 낮추고 저농축 우라늄 비축량을 감소시키는 방안이 다루어졌다. 또한 나탄즈 핵 시설의 원심분리기 개수 감소, 포르도 핵 시설의 연구기관으로 전환과 이란의 수도 테헤란에서 250킬로미터 떨어져 있는 아락 중수로 Arak Heavy water reactor 폐쇄 등의 문제가 논의되었다.

이렇듯 회의장에도 들어가지 못한 미국은 겨우겨우 이란과의 대화를 이어가고 있다. 이란과의 핵 합의 복귀 의지에 관한 한 조 바이든 행정부의 의지는 너무나도 명확해 보였다. 조 바이든은 2018년 도널드 트럼프가 무효 선언을 했던 핵 합의에 복귀하는 것으로 중동 정책에 드리워진 트럼프의 그림자를 모두 지우고 싶어했다. 또 중동 정세를 안정시키고 세계 패권을 두고 경쟁 중인 중국에 신경을 기울이기 위해서는 핵 합의 복원이 최선이라는 것이 조 바이든 정부의 판단이었다. 하지만 이란은 그런 미국을 앞에 두고 미동도 하지 않았다. 오히려 협상을 코앞에 둔 3월 27일 중국과 25년간의 장기 협정을 맺었다고 발표할 정도로 만용을 부렸다. "우리는 더는 미국에 끌려다닐 이유가 없다. 큰소리칠 수가 있다"는 것을 보여 주고 싶었을 것이다. 더구나 2021년 6월 18일에는 이란의 대통령 선거를 앞두고 있었다.

만약에 이란의 대통령 선거에서 극 반미 성향의 강경 보수파 인물이 대통령으로 당선될 경우 미국 입장에서는 이란 핵 합의 타결 과정이 훨씬 험난할 것이 뻔했다. 실제로 이란의 자리프 외무 장관은 "시간이 많지 않다Not much time"는 메시지를 트위터에 올렸는데, 이는 미국을 향해 협상을 빨리 하든지 아니면 이란의 대통령 선거 이후 더 힘들게 협상할 것인지를 선택하라는 채근에 가까운 표현이었다.

그러다 보니 이란이 핵 합의에 복귀하기 전에는 제재를 풀지 않겠다고 강경한 태도를 보이던 조 바이든은 점점 이란의 태도에 흔들리며, 고삐를 잡아 트는 것이 아니라 오히려 끌려가는 형국이었다.

미국의 〈월스트리트저널〉에 따르면 미국은 이번 협상에서 이란 중앙은행, 국영 정유, 유조선 회사, 철강, 알루미늄 등 원유와 금융을 포함한 일부 경제 제재 완화를 제시했다고 한다. 그뿐만 아니라 유럽의 한 고위 관리는 미국이 이란에 대해서 섬유, 자동차, 해운 및 보험을 포함한 부문에 대한 잠재적인 제재 완화도 시사했다고 했다. 이란이 원하는 상당 부분을 들어주겠다는 것이다.

그러나 이란은 오히려 한술 더 떴다. 하산 로하니 이란 대통령은 미국의 제재 해제 제안에 대해 진지해 보인다면서도 정확한 세부 사항을 설명해 달라고 요구했다. 그는 "협상 일부 단계에서 그들이 진심이라는 것을 알았다. 그러나 어떤 부분에서는 모호하게 말하고 있다"고 말했다.

그동안 줄기차게 이란 핵 합의 복귀를 반대해 왔던 이스라엘로서는 이런 상황이 매우 곤혹스러울 수밖에 없다. 그래서 이 회담에 찬물을 끼얹고 싶은 심정이었던 것 같다. 회담이 열리는 날, 홍해에 정박 중이던 이란의 스파이선이 공격당했다. 물론 이번에도 당연히 이스라엘 정부는 자신들이 한 일이라고 밝히지 않았지만, 전문가들은 이스라엘 특수 부대원들이 림펫 기뢰limpet mine, 즉 선박 밑 부분에 폭탄을 부착해 공격한 것으로 보고 있다. 그 이유는 최근 이스라엘이 지중해에서 이란 선박들을 공격했을 때 사용한 유형과 비슷했기 때문이다.

림펫 기뢰로 공격 받은 이란 선박(사진 출처-The Times)

그리고 4월 11일에 이란은 또다시 공격을 당했다. 이란의 원자력청은 나탄즈에 있는 핵 시설 전력망 일부에서 사고가 있었지만, 이에 따른 오염이나 인명 피해는 없었다고 밝혔다. 하지만 〈뉴욕 타임스〉는 이스라엘 정보 당국자의 말을 인용해서 "이스라엘이 이란 핵 시설에 원격 폭발물을 잠입 설치한 뒤 신형 원심분리기를 가동하는 내부 전력 시스템을 완전히 파괴했고 그래서 핵 시설에 정전 사태가 일어났다"고 보도했다.

또 이런 이야기도 있다. 침입자들이 나탄즈 핵 시설의 주전력망과 예비 배터리를 동시에 끊었고 그와 동시에 원심분리기의 회전이 통제되지 않아 수천 기가 파괴되었다고 한다. 미국 정보기관에 몸담았던 전 고위 관리에 의하면, 이스라엘은 이란에 반입되는 핵 프로그램 관련 설비나 포장에 위치추적기를 달거나 폭발물을 몰래 달아 이 설비가 설치되면 폭발하도록 하는 방식을 사용했을 거라고도 했다.

물론 이란과 다른 나라들은 이번 폭발 사고의 주체를 이스라엘이라고 생각하지만, 이스라엘은 인정도 부정도 하고 있지 않는다.

어쨌든 이란은 이번 폭발 사고에 대해서 전력 배선망 시설은 신속 복구가 가능하다고 발표했지만, 서방 전문가들에 따르면 이 시설을 복구하는 데는 최소 9개월이 걸릴 것이라고 했다. 공교롭게도 폭발 하루 전날인 10일은 이란의 원자력 기술의 날이었고 이날 행사에 하산 로하니 대통령이 참석한 가운데 신형 원심분리기가 공개되었는데 이것이 다음 날 완전히 해체된 셈이다. 이란 입장에서는 여간 자존심이 상하는 일이 아닐 수 없었다.

이번 폭발 사고를 보면서 미국 민주주의수호재단FDD의 선임 연구원 리치 골드버그Rich Goldburg는 이란 핵 문제 해법이 전면 전쟁이냐, 아니면 핵 합의냐 이 둘 중 하나를 선택해야 하는 방식이 아닌 또 다른 방법이 있다는 것을 이스라엘이 미국에 보여 주는 메시지라고 추측하기도 했다.

그런데 이런 공격을 당하고도 이란이 가만히 있을까?

4월 13일, 이번에는 이란이 이스라엘을 반격했다. 아랍 에미리트 연안에서 이스라엘 국적의 상업 선박이 드론 혹은 미사일 타격으로 추정되는 공격을 당한 사건이다. 큰 피해는 없었지만 이스라엘은 이 역시도 이란의 소행으로 판단했다.

핵 시설 사고가 발생한 다음 날인 4월 12일, 하산 로하니 대통령은 이란은 마음만 먹으면 언제든지 농도 90퍼센트 우라늄을 생산할 수 있다고 말했고, 13일에는 역대 최고 수준인 농도 60퍼센트 우라늄을 농축하겠다고 발표하였다.

그리고 나탄즈 핵 시설에 성능이 50퍼센트나 향상된 신형 원심 분리기 1,000대를 추가로 설치하겠다고 천명했다. 이렇게 회담장 밖에서 이스라엘과 이란의 격렬한 충돌이 벌어지는 가운데 1차 회담이 끝나고 4월 15일에 2차 회담에 돌입했다.

회의가 시작된 다음 날 이란의 원자력청장 알리 아크바르 살레히Ali Akbar Salehi는 반관영 언론 매체 〈타스님〉 뉴스에 출연해 "나탄즈 핵 시설에서 농도 60퍼센트 우라늄 농축이 이뤄지고 있으며 현재 시간당 9그램의 농도 60퍼센트 농축 우라늄을 생산하고 있다"고 발표했다.

마침내 이스라엘이 우려했던 일들이 일어난 것이다. 2차 협상이 끝나고 4월 18일에 이란 외무부에 따르면, 참가국 사이에 최종 목표를 향한 새로운 이해와 공통 기반이 형성되었으며 이제 참가국이 공유한 의견을 토대로 합의 내용 초안을 작성할 수 있다고 말했다.

이란의 협상 진전 평가는 예상 밖이었다. 왜냐하면 이란은 그동안 모든 제재를 해제해야만 협상에 응하겠다는 것이 기본 방침이었고 그래서 1차 협상도 사실상 결렬되었다. 그런데 2차 협상이 시작된 15일에는 참가국 회의에서 이란은 처음으로 협상하겠다는 의지를 보였다.

이란의 입장에서는 이제 어느 정도 미국과 협상 참가국들의 몸이 달았다고 생각한 것이다. 그래서 협상에 나선 것으로 볼 수가 있다. 이란은 한마디로 협상 대상국들과 밀당을 한 것이다.

이런 상황에 대해 이스라엘 정보기관 모사드의 고위 간부는 "만약에 미국이 수 주 내에 이란과 핵 합의에 서명하더라도 놀라지 않을 것"이라고 말했다.

그리고 이란과 미국 그리고 유럽 사이에 다시 한번 따스한 바람이 불자, 도널드 트럼프 행정부 시절 이스라엘을 중심으로 맺어졌던 반이란 연합 전선에 균열이 생기는 듯한 징후가 보이기 시작했다. 2020년, 아랍 에미리트와 바레인이 이스라엘과 아브라함 협정을 체결한 뒤 다음 협정 대상으로 사우디아라비아가 꾸준히 거론되었다. 이로써 마치 이스라엘과 사우디아라비아 간의 화해가 코앞에 다가온 듯했다.

그런데 영국의 〈파이낸셜 타임스〉는 이란과 사우디아라비아의 고위 관리가 1차 회담이 끝난 직후인 4월 9일에 이라크에서 만나 양국 관계 회복을 의제로 회담했다고 보도했다. 이란이 사우디아라비아와 물밑 대화를 시도했다는 것이다. 사우디아라비아는 대표적인 이란의 적대국으로 2015년 버락 오바마 정부 주도로 이란 핵 합의가 성사될 때도 강력하게 반발했었다.

미국의 유화적인 몸짓에도 제재 전면 철회를 고수하는 이란이 언제 어떻게 또 협상 테이블을 엎을지는 모르는 상황에 이란을 향한 이스라엘의 공격은 걸림돌이 될 수 있었다.

이미 핵 합의 복귀를 향한 미국의 강력한 입장에 대한 불만은 이스라엘이 미국의 승인이나 협조 없이 단독적으로 이란 핵 시설 공격을 천명하고 하나씩 하나씩 실행할 수 있도록 명분을 쌓고 있었다. 이스라엘은 그동안 핵무기 개발 억제 노력이 실패할 경우 핵 시설 파괴도 불사하겠다는 입장이었다.

그리고 미국의 〈CNBC〉 보도에 따르면 이스라엘은 미국과 이란의 회담 진행과는 별개로 이란의 핵 개발 저지를 위한 전략을 세우고 있다고 했다.

이스라엘의 전략 첫 번째 단계는 이란과 미국, 러시아, 중국, 프랑스, 독일, 영국에 핵 합의에 대한 압박을 가하고, 두 번째 단계는 이란을 향한 제재와 외교를 통해 핵 개발로 인해 이란이 치르게 될 희생을 경고하고, 세 번째 단계는 사이버전을 포함한 전쟁 바로 밑 단계의 공격을 전개하고, 네 번째 단계는 이란 핵 시설 공습이다. 다섯 번째 단계는 이란의 정권 교체 시도 등이다. 물론 이란의 정권 교체가 말처럼 쉬운 전략은 아니지만, 이란에는 최근 수년간 미국의 제재로 경제가 약화되면서 시위가 자주 일어나고 있으며 코로나19 위기까지 겹치면서 정권에 대한 불만이 커진 상황이었다.

이란은 2021년 4월 22일 기준으로 코로나19 확진자가 하루에 2만 4천92명, 사망자는 453명이나 발생하였다. 당시 누적 확진자는 전체 인구 8천만 명 중 233만 6천 명으로 이는 전 세계에서 열다섯 번째로 많은 숫자다. 사망자는 6만 8천여 명으로 전 세계 11위에 이르렀다. 이러니 정부의 방역 대책에 대한 이란 국민의 불신과 불만이 폭증하고 있었다.

이란과 미국 그리고 이스라엘은 이란의 강력한 핵 개발 의지라는 뜨거운 감자를 두고 복잡한 외교 역학 관계 속에서 얽히고설킨 실타래를 풀어내지 못한 채 언제 폭발할지 모르는 시한폭탄과 마주하고 있었다.

이란은 마치 세상 물정 모르고 뛰어다니는 철없는 아이처럼 핵 개발을 하겠다고 하고, 이스라엘은 이를 막기 위해 미국과 전 세계 국가들의 외면 속에서 고군분투하는 상황이었다.

오스트리아 빈에서 이란 핵 합의 복원 협상이 2021년 4월부터 12월까지 총 일곱 차례나 이어졌지만, 뚜렷한 해결 방법을 찾지 못한 채 교착 상태에 빠졌고 중단된 회담이 또 언제 다시 열릴지는 아무도 모르는 상황이었다.

이런 가운데 이스라엘은 협상이 실패했다고 판단하고

핵 시설을 둘러보고 있는 이란의 핵 과학자(사진 출처-AP)

 이란 핵 시설 공습 준비를 예고하며 전쟁을 점점 현실화시켰다. 이란과 서방 국가들은 핵 합의 복원 협상에서 접점을 찾지 못한 채 서로에 대한 비난만 이어갔다. 특히 이란의 성실하지 못한 회담 태도에 서방 3개국(프랑스, 영국, 독일)의 고위 관리들은 분통을 터뜨리기까지 했다.
 회담에서 단 하나의 합의도 끌어내지 못하고 있는데 이란은 계속 핵 프로그램을 진행하고 있었다. 이럴 거면 차라리 협상 결렬을 선언하는 게 낫다고 언급하며 이란을 압박해 나갔다. 물론 이란도 반박하고 나섰다.

이란 협상 대표는 트위터에 이런 글을 올렸다. "일부 협상 참가자들이 실질적 외교를 하지 않은 채 남 탓하는 버릇만 보여 주고 있다. 우리는 일찍이 제안했고 건설적이고 유연하게 견해차를 좁히려고 했다."

중국의 시진핑 주석(오른쪽)과 악수하는 에브라힘 라이시(왼쪽)

사실 회담 참가국들이 이란에 어떤 기대를 하고 회담에 임했는지 모르겠지만, 애당초 이란이 이렇게 나올 것을 예상했어야 했다. 이란은 오랜 시간 동안 핵을 개발하려고 노력했기 때문이다. 그 핵으로 미사일을 만들어 미국과 이스라엘을 향해 발사할 것도 너무 명백한 사실이다. 그래서 국제 사회는 이란에 대한 경제 제재를 가하면서 핵 개발 프로젝트 진행을 중단시키려 했던 것이다. 2021년 8월, 이란의 새로운 대통령으로 강성 보수파인 에브라힘 라이시Ebrafim Raisi가 선출되면서 이란은 기존의 협상 요구 조건보다 더 많은 것을 요구하기 시작했다. 그래서 회담은 일곱 차례나 중단과 재개만 반복하다가 결국 8개월 뒤에 별 소득 없이 끝나 버렸다. 그리고 그제야 미국은 핵 합의 복원이 불가능할 수도 있음을 인정했다.

23

일촉즉발의 상황, 초조한 이스라엘

이스라엘은 이때만 기다렸다는 듯이 이란 공습 가능성을 두고 적극적으로 움직이기 시작했다. 2021년 12월 11일, 이스라엘의 〈Y-net〉 언론에 따르면, 베니 간츠 이스라엘 국방부 장관이 미국 워싱턴 DC를 방문해 로이드 오스틴Lloyd Austin 국방부 장관과 토니 블링컨Tony Blinken 국무부 장관을 만나 핵 합의 복원 협상에 실패할 경우 이란에 대한 공격을 준비할 것을 이스라엘군에 지시했다는 사실을 전달했다.

같은 날 〈뉴욕 타임스〉에서는 이스라엘이 최근 이란군과 이란 핵 시설에 은밀한 공격을 감행하기 전에 워싱턴과 미리 협의까지 마쳤다는 보도를 내보냈다. 은밀한 공격이란 원심분리기 생산 시설이 있는 카라즈Karaj와 테헤란 외곽에 있는 이슬람 혁명수비대 미사일 공장에 대한 공격이었던 것으로 파악된다.

　이런 보도가 나오자 이란에서도 곧바로 날카로운 반응을 보였다. 이란군 고위 관리는 "이란 미사일을 시험할 수 있는 실제적 상황을 만든다면 공격자들은 반드시 큰 대가를 치르게 될 것"이라고 말했다. 그런가 하면 12월 15일 이란 신문 〈테헤란 타임스〉 1면에 '단 한 번의 잘못된 움직임'이라는 제목의 기사와 이스라엘 지도가 실렸는데 지도 위에는 수십 개의 로켓 공격 목표물이 핀으로 표시되어 있었다.

〈테헤란 타임스〉 1면에 실린 이스라엘 공격 목표 지도
(사진 출처-테헤란 타임스)

기사는 "이란에 대한 이스라엘의 군사적 위협이 강화되는 것은 이란이 어디에서나 그들을 공격할 능력이 있다는 사실을 시온주의 정권이 망각했다는 것을 시사한다"면서 "이란의 국방력을 이스라엘의 불법 정권에 굳이 상기시켜 줄 필요도 없다"는 내용을 덧붙였다. 그리고 2013년 아야톨라 알리 하메네이 이란 최고 지도자가 이스라엘이 군사 공격을 감행하는 실수를 한다면 이란은 이스라엘의 텔아비브와 하이파를 파괴할 것이라고 경고한 것을 인용하면서 마무리했다.

며칠 뒤인 12월 20일 이란의 반관영 〈파르스〉 통신은 이날 새벽 5시경 남부 부셰르 원전 인근에서 폭발음이 들렸는데 이 폭발음은 원전 인근에서 실시된 대공 훈련 중에 발생한 것이며 훈련은 군의 완전한 준비 속에 실시되었다고 보도했다.

앞서 12월 4일에도 이란군은 중부 나탄즈의 우라늄 농축시설 인근에서 대공 미사일 발사 훈련을 했다. 핵 합의 복원을 위한 회담이 교착 국면에 빠진 가운데 이란은 12월 들어 두 차례나 핵 시설 인근에서 방공 훈련을 진행한 것이다.

이렇듯 이스라엘과 이란은 군사적 충돌에 대비해 각종 준비와 훈련을 하고 있다. 양국 간의 다툼은 정말 피할 수 없는 걸까? 안타깝지만 그렇다.

이미 오래전부터 이스라엘을 지도상에서 없애 버리겠다

고 천명한 이란이 이스라엘을 위협하고 공격하는 건 당연한 일처럼 여겨진다. 이스라엘 또한 여러 다양한 상황을 고려해 볼 때 결국 이란에 대한 공격을 결정할 것으로 보인다. 첫 번째, 핵 협상이 결렬되어 이란이 핵 문턱에 도달할 때까지 핵 프로그램을 계속 개발할 경우, 두 번째, 임시 핵 합의에 도달하기는 하지만 이란이 지속해서 이의를 제기할 경우, 세 번째, 원래의 핵 합의로 돌아간 이란이 비밀리에 위반할 경우, 그리고 네 번째는 가장 치명적인 상황이다. 이란 핵 프로그램과 무관하게 이란이 예멘이나 이라크에서 순항 미사일로 이스라엘을 공격해서 이스라엘 국민 중에 부상자나 사상자가 발생하면 이스라엘이 이란의 영토를 공격할 수 있다는 것이다.

그러는 사이 2021년 6월, 이스라엘에서는 장기 집권을 해왔던 베냐민 네타냐후 총리 이후 새롭게 나프탈리 베네트 Naftali Bennett가 새로운 총리로 선출되었다. 베네트 총리 역시 이란에 대한 강경 입장을 계속 이어갔다. 11월 23일 베네트 총리는 라이히만대학 정책안보연구소 주최 콘퍼런스에 참석해 2015년 체결된 핵 합의는 이스라엘에 '수면제'와 같다고 말하면서 "2015년 첫 핵 합의 이후 우리가 저지른 실수를 되풀이하지 않을 것이다. 핵 합의가 복원되어도 이스라엘은 이에 얽매이지 않고 행동의 자유를 유지할 것"이라고 전했다.

이스라엘의 새로운 총리로 선출된 나프탈리 베네트(사진 출처-AP 통신)

하지만 실제로 이스라엘이 이란 공습 계획을 세우고 실행하기는 쉽지 않다.

이스라엘 방위군의 한 고위 관리는 "누군가가 결정을 내리고 24시간 후에 테헤란에 비행기가 도착하는 상황은 없을 것"이라고 말하며 "전쟁에 대비해 체계를 준비하기까지 오랜 시간이 필요할 것이다. 왜냐하면 공습이 아니라 전쟁이 될 것이라는 가정하에 준비해야 하기 때문이다"라고 전했다.

이스라엘이 이란을 공격하는데 단순히 치고 빠지는 정도의 공습으로 끝날 일이 아니다. 사실이 그렇다. 이스라엘이 이란 공습을 강행한다면 전면전으로 확전될 수밖에 없다. 이는 우리가 알고 있는 그 어떤 전쟁과도 다를 것이다. 이란과의 전쟁이 시작되면 분명히 여러 다른 전선에서 다양한 방식으로 전투가 벌어질 것이다. 이라크, 시리아, 레바논, 가자 지구의 하마스 같은 대리 세력이나 이란 국경에서 멀리 떨어진 예멘에서 이스라엘을 향해 미사일과 로켓을 쏘며 전장이 확대될 것이다.

이란을 향한 공격으로만 끝나는 것이 아니라 훨씬 더 크고 복잡한 규모의 전투와 전쟁을 각오해야 하는 상황이 될 것이고, 이 모든 준비를 마치기까지 시간이 걸릴 수밖에 없다.

그리고 무엇보다 이스라엘이 이란을 직접 공습하기 위해서는 공중 급유기가 필요하다. 이스라엘에서 이란의 핵 시설까지는 약 1,500킬로미터, 왕복으로 3,000킬로미터 이상 되는 절대 만만치 않은 거리다. 그런데 현재 인류가 개발한 전투기로는 그 먼 곳까지 날아가서 미사일을 쏟아붓고 돌아올 수가 없고 하늘에서 기름을 공급받아야 한다.

미국이 제조하고 보유하고 있는 KC-46 공중 급유기

그래서 이스라엘에는 최대한 기름을 많이 실을 수 있는 최신형 공중 급유기가 절실히 필요하다. 바로 이 공중 급유기를 미국에서 사들이기로 했다. 이스라엘은 2021년 3월에 KC-46 급유기 8대에 대한 구매 계약을 맺었고, 2024년에 첫 인도분을 받기로 했다. 더 나아가서 베니 간츠 국방부 장관은 미국 워싱턴을 방문했을 때 급유기 2대를 신속히 공급해주기를 촉구했지만, 미국은 2024년까지 공급할 수 없다고 통보했다.

미 공군의 수요도 못 맞추는 상황이라고 해명했지만, 사실은 이스라엘의 이란 공습 위협이 커지는 시점에서 이스라엘을 진정시키려는 의도다. 그리고 이스라엘의 무기 창고에 쌓여 있던 아이언 돔 요격 미사일도 2021년 5월에 있었던 가자 지구 하마스와의 전쟁으로 많이 소진되었고 재충전하는 데에만 수많은 돈과 시간이 걸리는 상황이다.

이스라엘의 이란 공격에는 넘어야 할 산도 많고 건너야 할 강도 많다. 그렇다고 해서 이란의 핵 개발을 강 건너 불구경하듯 손 놓고 지켜볼 수만은 없다.

핵 합의 복원 협상이 지지부진하게 이어지는 동안 이란은 우라늄 20퍼센트 농축액 210킬로그램과 60퍼센트 농축액 25킬로그램을 보유하고 있다고 자랑했다. 우라늄 60퍼센트 농축은 이란이 지금까지 농축에 성공한 가장 높은 농도로 무기를 만들 수 있는 90퍼센트 농축액 개발의 바로 전 단계라고 할 수 있다.

이스라엘은 국제 사회가 행동을 취하지 않는다면 단독으로라도 움직일 것이라고 끊임없이 경고하고 실제로 군사 작전과 인프라 해킹을 통해 이란에 경고를 보내고 있다. 또 2021년 10월, 이스라엘군은 육해공군을 동원한 대규모 군사 훈련을 한 달 동안 진행했다. 전 세계 8개 동맹국과 함께 4, 5세대 전투기들을 동원한 블루 플래그Blue Flag 공군 합동 훈련을 완료했고 보병 부대들의 훈련도 마쳤다.

레바논 국경과 요르단 계곡에서 레바논 헤즈볼라의 공격에 대비한 훈련이 진행됐는데 네게브와 가자 국경에 주둔해 있던 기바티Givati 부대와 예비군들까지 동원한 대규모 훈련이었다.

이스라엘이 2009년 이후 어떤 전쟁에서도 보병을 투입하지 않은 것을 고려한다면 이런 훈련은 이란과 대리 세력들에게 큰 경고의 메시지를 보내는 것이며, 매번 있었던 이스라엘의 경고와는 분명히 차원이 다른 상황이라는 것을 보여 주는 것이다.

24

이스라엘과 이란의 정보 전쟁

이스라엘을 지구상에서 없애 버리겠다고 호언장담해 온 이란이 최근 몇 년 사이에 이스라엘을 대상으로 여러 차례 첩보 작전을 실행하며 이스라엘 사람들을 포섭해서 주요 정보를 빼내려 했지만 대부분 성공하지 못했다.

이란이 이스라엘을 파멸하기 위해서는 많은 정보가 필요할 것이다. 이란의 첩보 능력은 이스라엘에 한참 못 미친다. 이스라엘은 이란의 첩보 작전을 잘 파악해서 저지해야 하고 이란이나 이란과 연계된 여러 아랍 국가를 대상으로 첩보 작전을 해야 한다.

2020년 4월 7일, 이스라엘의 국내 첩보 기관인 신베트Shin Bet에 따르면 이란 정보 요원과 접촉하고 이란을 위해 첩보 활동을 한 혐의로 한 이스라엘 사람을 체포하였다. 이란 정보 요원들은 그에게 이스라엘 목표물에 대한 테러 공격을 수행할 뿐만 아니라 이스라엘 사회에 불화를 일으킬 방법을 추천하며, 이란을 위해 일할 수 있는 아랍계 이스라엘인(이스라엘 시민권을 가진 아랍인)들을 포섭하라는 지령을 내렸다. 이 남성은 해외에서 이란 정보 요원들을 여러 차례 만났고, 자금과 훈련, 암호화 도구와 코드를 받아 이스라엘에 돌아와서도 계속 연락을 주고받았다. 또 이란은 사회관계망서비스를 이용해 이스라엘 사람들을 포섭하기도 했다.

이란 정보기관 요원들은 가짜 사회관계망서비스 계정을 만들어 이스라엘과 접촉하는 데 사용했다. 프로필 사진과 이름을 주로 관광업에 종사하는 미모의 여성들로 꾸며서 이스라엘 남성들에게 접근해 사업이나 로맨틱한 밀회를 제안하고 해외에서 만남을 요구한다. 이런 제안에 넘어간 이스라엘 남성들을 해외에서 납치하는 방식이다.

2021년 4월 14일, 여행 사진작가이면서 '여행하는 이스라엘'이라는 인스타그램을 운영하는 마탄 허쉬는 마리 비달이라는 여성으로부터 두바이에서 만나자는 연락을 받았다. 뭔가 수상한 느낌을 받은 그는 최근 이란에서 이스라엘 사람들을 유인해 해를 끼치려는 시도가 있다는 이스라엘 보안 당국의 발표를 듣고 곧바로 사회관계망서비스를 차단했다. 또 이스라엘의 〈채널 13〉 뉴스에 따르면 이스라엘 남성이 인스타그램으로 연락한 여성을 만나기 위해 비행기에 탑승했는데 이륙 직전에 이스라엘 보안 관계자들이 그에게 연락해 출국을 막은 사건도 있었다.

'여행하는 이스라엘' 인스타그램 운영자, 마틴 허쉬

그런가 하면 2022년 1월 12일, 이스라엘 정보기관 신베트는 유대인으로 위장한 이란 공작원을 도와서 이스라엘 정보를 수집하고 연락을 주고받은 혐의로 유대인 5명을 체포했다고 밝혔다. 체포된 유대인들은 4명의 여성과 1명의 남성이었다. 이들은 모두 페이스북을 통해 이란 공작원과 접촉했다.

특이한 것은 이들 모두 이란에서 온 유대인 또는 이란 이민자의 후손들이라는 것이다. 이란 공작원들은 이란에 있는 부유한 유대인으로 위장해 페이스북에 이란계 이스라엘인 그룹에 가입했고 이스라엘에 대한 그리움을 토로하면서 사람들을 회유한 것이다.

이 사건의 용의자들은 텔아비브 주재 미국 영사관과 내무부 사무실, 국민보험기관의 사무실 내부를 포함해 이스라엘에서 전략적으로 중요한 장소들을 사진 촬영했고, 이스라엘의 여성 국회의원과 친해지려고 시도했으며 한 대형 쇼핑몰 경비 시스템 정보를 넘겨주었다. 심지어 용의자 2명은 자기 아들들을 이스라엘 방위군IDF 군사정보부대에 들어가도록 설득하기도 했다. 이들이 그 대가로 받은 돈은 5천 달러에 불과했다.

나프탈리 베네트 이스라엘 총리는 이번 일을 두고 "나는 이스라엘 시민에게 이러한 시도들을 경계할 것을 촉구한다. 당신이 사회관계망서비스에서 소비하거나 공유하는 정보의 배후에는 이란인이 있을 수 있다. 이란 국방부의 긴 팔은 틀림없이 이스라엘의 안보를 해치려는 누구에게나 닿을 것이다"라고 말했다.

베니 간츠
(사진 출처-The Guardian)

2021년 11월에는 이런 어이없는 일도 있었다. 베니 간츠 이스라엘 국방부 장관의 37세 유대인 남성 가사 도우미가 이란 스파이 혐의로 체포된 것이다. 이 남성은 이란 관련 해커 단체인 블랙 쉐도우의 사회관계망서비스에 연락해서 돈을 준다면 베니 간츠 책상에 있는 컴퓨터에 악성 소프트웨어를 심고 기밀 정보를 넘겨주겠다고 제안했다. 이렇듯 이란이 제시하는 돈의 유혹에 넘어가는 유대인들이 생겨나고 있다.

이란의 이스라엘에 대한 첩보 활동들은 다행히 모두 사전에 발각되어 실패로 돌아갔다. 이런 첩보 활동을 하는 이란이 어설픈 걸까, 아니면 이스라엘 정보 당국이 사전에 잘 찾아내고 막아내는 걸까?

2020년 11월 27일에 일어난 이란 핵 개발의 아버지 모센 파크리자데 암살 사건을 떠올려 보자. 이 암살을 위해 인공위성과 인공지능 기술이 동원되었다. 사람의 얼굴을 파악하고 신원 확인 후에 목표 인물이었던 모센 파크리자데를 정확하게 사살했다. 이스라엘 정보 당국의 기술력과 치밀함에 전 세계가 깜짝 놀라며 이런 영화 같은 암살 방식은 분명히 이스라엘의 모사드만이 해낼 수 있다고 이야기했다. 사실 더 놀라운 사실은 이스라엘의 모사드는 이 사건이 일어나기 자그마치 27년 전인 1993년부터 모센 파크리자데 주변에 정보원을 심어 감시해 왔었다는 사실이다.

이란 핵 개발의 아버지이자 혁명수비대 부사령관 주변에 자그마치 27년 동안 정보원을 감쪽같이 숨겨놓고 온갖 정보를 빼낸 것이 바로 이스라엘의 첩보 능력이다. 이 정보원은 모센 파크리자데 지근거리에서 그가 핵 개발 프로젝트에 대해 이야기하는 것을 녹음했는데 그 내용 중에는 핵폭탄 개발을 논의하는 극비 사항도 들어 있었다고 한다. 이스라엘은 모센 파크리자데가 언제 어디서 무엇을 하고 어떤 경로로 이동하는지 이미 다 알고 있었다.

이스라엘의 첩보 능력을 확인할 수 있는 또 다른 사건이 있다. 2018년 4월 30일, 당시 이스라엘 총리였던 베냐민 네타냐후가 전 세계 수많은 기자를 불러 직접 프레젠테이션에 나섰다. 이란이 국제 사회와의 약속을 어기고 핵무기를 추진했고, 이란 핵 기록 보관소에서 입수한 문서 5만여 쪽과 CD 183개를 증거로 제시했다. 바로 모사드 요원들이 수도 테헤란에 잠입해 500킬로그램에 달하는 자료를 훔쳐 온 것이다.

모사드는 문서를 훔치기 2년 전부터 이란의 핵 기록 수집 과정을 주시하고 촬영해 왔다. 그러다 문서 창고의 경보 시스템을 무력화하고 내부 스파이를 통해 확인한 금고를 열 계획을 세웠다. 마침내 2018년 1월 31일에 20명가량의 요원이 침입해 6시간 30분 만에 32개 금고를 여는 작전을 끝냈다.

이 엄청난 작전을 두고 〈월스트리트저널〉은 할리우드 영화 「오션스 일레븐」처럼 대담한 작전이라고 평가했다. 이 작전의 여파는 엄청났다. 이란이 몰래 핵 개발을 진행하고 있었다는 사실이 명백해지면서 2018년 5월 8일, 당시 미국 대통령이었던 도널드 트럼프는 이란 핵 합의 탈퇴를 선언했고 이란에 대한 경제 제재를 다시 압박하기 시작했다.

사실 핵은 나라의 존재 자체를 위협하는 중대한 문제이기 때문에 이스라엘은 그 어떤 문제보다도 핵 문제를 저지하기 위해 사력을 다해 왔다. 덕분에 그와 관련된 첩보 작전들도 정말 많다.

그중 대표적인 몇 사건을 소개하면, 2007년 9월 5일 밤 11시 시리아의 디르 아주르에 있는 핵 시설 건설 현장으로 7대의 이스라엘 전투가 날아와 순식간에 폐허로 만들었다. 이 핵시설이 완공되면 분명히 이스라엘을 공격할 핵폭탄을 제조할 것이 뻔했기 때문이다. 이스라엘에서는 어떻게든 완공 전에 제거해야만 했다. 그런데 이스라엘은 어떻게 시리아의 외진 사막 한복판에 몰래 건설하고 있는 핵시설을 알 수 있었을까?

이스라엘의 공격이 있기 전인 2007년 7월에 영국 런던의 어느 호텔에 시리아의 고위 장교가 들어왔다. 그는 방에 가방을 놓고 다시 호텔을 빠져나와 어디론가 사라졌다. 이를 지켜보던 두 남자가 시리아 장교의 방으로 몰래 들어가는 데 성공했다. 그리고 책상 위에 놓인 작은 노트북에 '트로이 목마'라는 해킹 프로그램을 설치한 뒤 방을 빠져나왔다.

그때부터 이스라엘에서는 이 노트북을 손바닥 들여다보

듯이 볼 수 있게 되었다. 그리고 놀랍게도 시리아의 핵 개발 프로젝트와 관련된 극비 자료들을 발견했다. 이 노트북의 주인은 시리아의 핵 시설 건설을 책임지고 있는 원자력 위원회의 위원장이었다.

* 시리아의 핵 기술자 노트북에서 발견된 북한 과학자와의 사진
* 이스라엘의 공격으로 파괴된 시리아 디르 아주르의 핵 시설

이 노트북에서 확보한 정보들을 종합해 보면, 시리아는 국제 사회 몰래 북동부 사막 지역 디르 아주르에 원자로를 건설하고 있었고 놀랍게도 이 프로젝트에 북한 핵 개발자들이 개입했으며 자금은 이란에서 지원하였다.

이를 확인한 이스라엘은 2개월 후인 9월 5일에 전투기를 동원해서 건설 현장을 파괴했다. 이스라엘은 디르 아주르 핵 시설을 파괴한 것만으로 멈추지 않았다. 2008년 8월 2일 시리아의 다마스쿠스에서 약 220킬로미터 떨어진 타르투스 바닷가의 별장에서는 파티가 열렸다. 그때 배를 타고 온 남자 2명이 별장 가까이 접근했고 파티를 즐기고 있던 한 남자의 머리에 두 발의 총을 발사했다. 별장 안은 순식간에 아비규환이 되었고 저격수들은 유유히 사라졌다.

그들은 이스라엘 해군 특공대 소속 전문 저격수들이었고 총에 맞아 즉사한 남자는 아사드 시리아 대통령의 안보 보좌관이면서 북한과의 핵 프로그램 협력 연락책을 맡은 시리아 정부의 핵심 인사 무하마드 술레이만Muhammad Suleiman이었다. 연달아 발생한 사건들로 인해 시리아는 향후 수십 년 내에는 핵 개발을 할 수 없는 지경에 이르게 되었다.

이렇듯 놀라운 이스라엘의 첩보 작전에 비하면 이란의 첩보력은 우습게 느껴질 정도다. 그런데도 안심할 수 없는 것은 이란이 포기하지 않고 이스라엘의 틈을 노리며 유대인들을 포섭하고 첩보 활동을 시도하기 때문이다. 이란의 끈질긴 시도도 문제이지만, 이란 공작원과 접촉한 유대인 5명이 체포된 사건이나 베니 간츠 국방부 장관의 가사 도우미 첩자 사건처럼 유대인들의 무지함과 돈 때문에 국가 정보를 넘기려 한다는 것도 큰 문제다. 지금까지 이스라엘은 스파이 공격에 잘 대응해 왔지만, 앞으로도 절대 방심해서는 안 될 것이다.

시리아 핵심 인사, 무하마드 술레이만

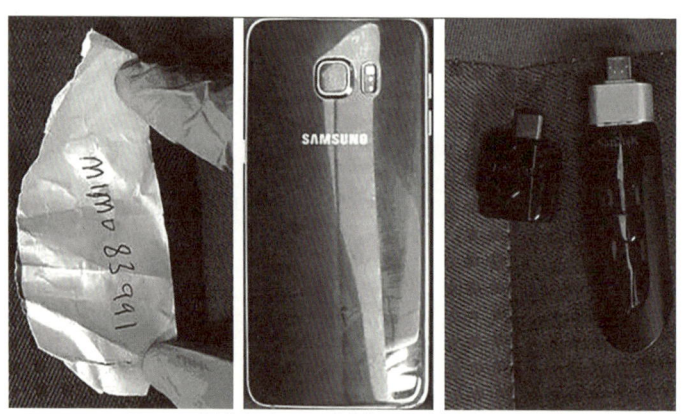

스파이 혐의로 체포된 이스라엘 시민이 소지하고 있던 암호화된 휴대전화, USB 장치

25

우크라이나 전쟁을 이용하는 이란

2022년 2월 24일, 러시아가 우크라이나를 침공한 이후 전 세계 모든 언론 매체는 우크라이나 전쟁 소식이 점령했고, 이란 핵 합의 복원 협상 문제는 뉴스에서 사라졌다. 물론 러시아의 우크라이나 침공으로 인해 우크라이나가 입은 피해는 엄청났고, 이스라엘도 우크라이나의 문제를 외면할 수 없었다. 우크라이나는 이스라엘과 아주 특별한 인연이 있는 나라이기 때문이다. 1991년 8월에 구소련이 붕괴하고 우크라이나에서 약 1백만 명의 유대인이 이스라엘로 돌아오는 알리야Alyah를 했다. 현재 이스라엘에 거주하는 유대인 중에 약 육분의 일이 우크라이나에서 온 유대인이라는 의미다. 또 약 20만 명의 유대인이 아직도 우크라이나에 살고 있고, 우크라이나 대통령 볼로디미르 젤렌스키Volodymyr Zelenskyy 역시 유

러시아의 우크라이나 침공

대인이다. 이스라엘에게 우크라이나 전쟁은 남의 나라 일이 아니다.

그래서 젤렌스키 대통령이 이스라엘의 베네트 총리에게 중재 요청을 했고 그에 따라 베네트 총리가 모스크바로 날아가 블라디미르 푸틴Vladimir Putin 러시아 대통령도 만나고 독일의 울라프 숄츠Olaf Scholz 총리도 만났던 것이다.

만약 베네트 총리가 중재자 역할을 제대로 감당한다면 베네트 총리는 우크라이나 국민과 전 세계 사람들에게 정치인으로서의 능력을 입증하게 되는 것이다. 그러나 베네트 총리 입장에서는 우크라이나의 사정도 딱하지만, 이란 문제가 더 심각했다. 이란은 전 세계를 핵전쟁으로 끌고 갈 수 있는 가장 확실한 화약고이며 이스라엘 국민의 안전이 걸린 문제였다.

블라디미르 푸틴(오른쪽)과 나프탈리 베네트 이스라엘 전 총리(왼쪽)

총리 자리에서 물러난 베냐민 네타냐후는 2022년 2월 28일 리쿠드 당무회의에서 베네트 정부를 향해 경고했다.

"우크라이나 사태에 침묵하고 절제된 태도를 유지해야 하며 이스라엘 국민의 생사가 걸린 이란 핵 대응에 더 집중해야 한다."

이 같은 충고를 한 것은 내각에서 안보 보좌관을 지낸 메이어 벤 사밧Meir Ben-Shabbat 텔아비브대 국가안보 석좌 연구원도 마찬가지였다.

"이란은 우크라이나 사태를 악용할 소지가 있다."

2022년 2월 초, 이란에 대한 미국의 제재 해제와 이란의 핵 분야 조처들에 관한 최종 합의 문서 초안이 마련되었고 타결이 임박했다는 소식이 나올 무렵인 2월 24일에 러시아가 우크라이나를 침공했고 그와 동시에 마무리 단계에 도달한 핵 협상이 중단되었다.

호세프 보렐Josep Borrell EU 외교안보정책 고위 대표는 "최종 문서는 기본적으로 준비가 됐으며, 테이블 위에 있다"고 말하면서 현 상황을 극복하고 합의를 마무리 짓기 위해 미국과 이란, 다른 당사국들과 계속 대화할 것이라고 밝혔다.

하지만 이란은 지난 1년 동안 여덟 차례나 협상을 이어가는 동안에도 부지런히 핵을 개발해 왔다. 2022년 3월 3일, 국제원자력기구는 이란이 농축 농도 60퍼센트 우라늄을 33.2킬로그램 비축한 것으로 보인다고 밝혔다.

이 이야기는 이란이 핵무기 생산에 필요한 무기급 우라늄을 보유하는 데 한 발 더 가까이 갔음을 의미한다. 전 세계가 우크라이나 사태에 집중하는 사이에도 이란은 쉬지 않고 핵 개발에 힘쓰고 있었다.

그런데 왜 러시아는 우크라이나 침공 시기를 2월 24일로 잡았을까? 바이든 행정부는 집권 1년 차부터 대외적으로는 아프간 조기 철군과 국내적으로는 살인적인 인플레이션으로 국정 지지도가 상상할 수 없을 만큼 추락했다. 그래서 '이란 핵 합의 복원 협상'을 이용해 현 상황을 돌파하려고 최선을 다해 노력하고 있었다.

이란 핵 문제의 핵심 이해 당사자인 이스라엘과 다른 중동 동맹국들과 논의하기보다는 제3의 중재자인 영국, 프랑스, 중국, 러시아에 이란 핵 합의 복원 협상을 위임해 왔다. 바로 이 점이 조 바이든 행정부의 가장 큰 실수였다.

미국은 러시아가 이란 핵 문제를 잘 해결해 줄 거라고 믿었다. 실제로 바이든 행정부는 2021년 12월에 "러시아 협상 대표가 교착상태에 빠진 이란 핵 합의 복원 협상을 본 궤도에 올려놓았다"고 칭찬한 적도 있다. 하지만 그 와중에도 러시아는 우크라이나 침공을 위한 사전 작업을 착착 진행하였다. 러시아는 2014년부터 우크라이나를 러시아의 일부라고 주장했고 우크라이나의 북대서양조약기구NATO 가입을 꾸준히 반대하고 경고해 왔었다. 그러면서 크림반도를 강제 합병하고 자신들의 야심을 분명히 보여 주었다. 그러니 우크라이나 사태는 우발적인 사건이 아니라 정치 지도자라면 누구나 충분히 예견할 수 있었던 일이다. 이것을 과연 조 바이든 미국 대통령이 몰랐을까?

2022년 2월 24일, 마침내 러시아가 우크라이나를 침공했고 미국을 비롯한 전 세계는 그제야 러시아에 경제 제재를 가하기 시작했다. 이에 대한 대응으로 러시아는 막바지 단계에 이른 이란 핵 합의를 걸고넘어졌다. 우크라이나 사태로 부과된 경제 제재가 이란과의 교역에 영향을 미치지 않게 해달라고 요구한 것이다.

미국은 러시아의 요구에 응하지 않을 거라고 분명한 뜻을 밝혔지만, 이미 1년여 동안 이어져 오면서 거의 마무리 단계에 접어든 이란 핵 합의 협상은 사실상 좌초 위험에 놓였다.

바이든 행정부는 러시아가 우크라이나 침공을 위한 일련의 조치를 꾸준히 진행하고 있었다는 것을 알면서도 이란 핵 합의 복원을 반드시 완성해야 한다는 강박증 때문에 러시아의 계획을 암묵적으로 방관하거나 묵인했다고 볼 수밖에 없다.

그런데 또다시 핵 합의를 인질로 삼은 러시아에 뒤통수를 맞은 셈이 되었다. 설상가상으로 2022년 11월에 미국에서는 중간 선거가 있었다. 집권당인 민주당에서는 민심을 잡기 위해 이란 핵 합의 복원과 같은 외교적 승리를 거두어 미국 내

급등한 유가를 잠재울 필요가 있었다. 민주당으로서는 이런 부분이 절실했다.

오스트리아 빈에서 열린 이란 핵 합의 복원 협상에 참여한 나라는 러시아, 독일, 중국, 프랑스다. 그때 당시 러시아와 우크라이나 중재 참여국들과도 일치한다. 즉 현안인 우크라이나 사태 해소를 위해서는 어쩔 수 없이 이란 핵 합의 복원 협정이 설익은 내용으로 체결될 가능성이 매우 크다는 것이 가장 큰 문제였다. 아니면 우크라이나 사태 해결을 위해 중동 현안인 이란 핵 합의가 후순위로도 밀려날 수도 있었다.

오스트리아 빈에서 열린 이란 핵 합의 복원 협상

우크라이나 사태로 인해 미국 행정부에 대한 신뢰도가 낮아진 것이 더욱 큰 문제다. 중동 국가들이 우크라이나 사태를 계기로 미국에 대한 의구심을 품으며 각자 다른 대안을 찾는 계산에 돌입했다. 그래서 더욱 이란 핵 합의 복원 협상이 졸속으로 체결될 가능성이 높아졌으며 이는 미국의 비핵화 통제 체제가 사실상 해체되었다는 것을 의미했다.

26

드디어 핵무기를
완성한 이란

2023년 8월 11일, 미국의 〈월스트리트저널〉에서 우리나라로서는 깜짝 놀랄 만한 이란 관련 뉴스가 터져 나왔다. 스파이 혐의로 이란 테헤란 교도소에 수감된 미국인 5명을 풀어 주는 대가로 동결되었던 한국의 원유 수입 대금 70억 달러(한화 약 9조 3,100억 원)를 돌려주기로 했다는 것이다. 우리나라는 도널드 트럼프 정부 이전 시절에 이란에서 원유를 수입했고 그 대금을 이란으로 보냈어야 했지만, 도널드 트럼프 정부가 들어서고 이란에 대한 경제 제재 조치가 시행되면서 이란으로 들어가는 모든 자금을 동결하는 바람에 지불해야 하는 석유 대금을 한국의 우리은행과 기업은행에 예치한 상황이었다.

그런데 미국이 이 석유 대금을 이란으로 보낼 수 있게 제재를 풀어주기로 했고 그 대가로 미국인 인질 석방과 이란은 우라늄 농축 속도를 현저히 늦추었으며 이미 농축한 우라늄의 농도도 희석하는 작업에 들어갔다는 것이다.

존 커비John Francis Kiirby 백악관 국가안보회의NSC 전략소통 조정관은 같은 날 "이란의 핵 긴장 완화 조치를 환영한다"면서 이 같은 조치는 미 행정부가 추진하는 이란 핵 합의 복원의 출발점이 될 것이라는 기대감이 커진다는 전망까지 내놓았다.

핵 시설을 둘러보고 있는 하산 로하니 전 이란 대통령

지난 2015년 체결된 이란핵합의JCPOA, 즉 포괄적 공동행동계획에 따르면 202.8킬로그램의 저농축(3.67퍼센트) 우라늄만 보유할 수 있다. 그러나 이란은 이 같은 합의 내용을 일방적으로 파기하고 우라늄 농도를 60퍼센트까지 높이는 작업에 착수해 왔다. 핵 전문가들에 따르면 통상적으로 우라늄의 농도가 60퍼센트까지 높아졌다는 것은 14일 안에 핵폭탄용으로 사용할 수 있는 것으로 간주한다. 그야말로 이란의 핵무기 완성을 향한 시한폭탄의 시계는 점점 그 끝을 향해 빠르게 진행되는 상황에서 이란의 핵 완화 조치가 내려졌다는 것은 일단은 숨을 쉴 수 있는 시간을 벌어준 것이나 다름이 없었다.

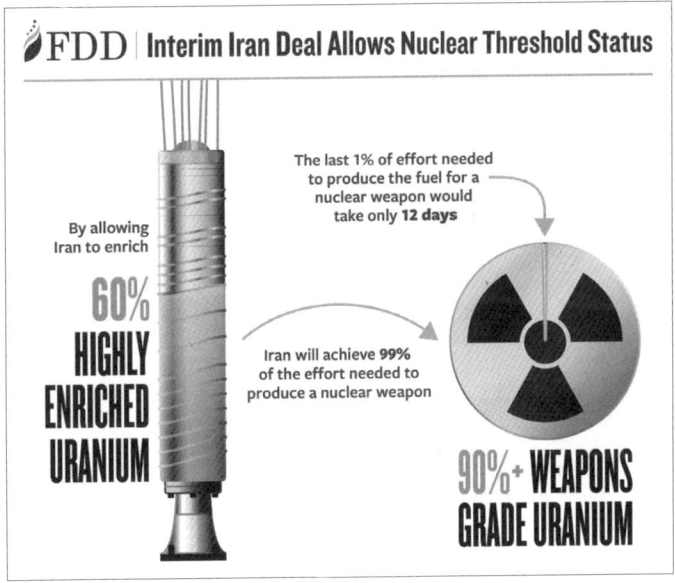

이란이 우라늄 농축 60퍼센트를 달성했다는 보고 (사진 출처-FDD)

26 드디어 핵무기를 완성한 이란

〈월스트리트저널〉은 이란이 우라늄 농축 작업 속도를 늦추고 고농축 우라늄 농도까지 희석하는 것은 핵 프로그램에 대한 협상 재개를 위한 사전 준비로 보인다고 전했다. 이란의 이런 태도 변화는 조 바이든 미 행정부가 2024년 11월에 치러지는 미국 대선까지 이란과의 긴장이 고조되는 것을 바라지 않는다는 것이 전해졌기 때문일 것이다.

이미 미국 정부는 2023년 초 이란과의 비공개 접촉에서 60퍼센트 이상 고농축 우라늄의 추가 비축을 중단하고, 국제원자력기구IAEA에 협조한다는 조건을 제시한 것으로 전해졌다.

IAEA가 입주해 있는 오스트리아 빈의 국제센터

하지만 이란이 우라늄 농축 농도 60퍼센트를 포기한 것 같다는 〈월스트리트저널〉의 보도가 나온 다음 날 8월 12일에 이스라엘의 〈예루살렘 포스트〉는 미국의 이런 바람과는 전혀 다른 내용의 기사를 냈다.

독일, 네덜란드, 덴마크, 스웨덴에서 입수한 보고서를 근거로 이란은 이미 핵무기 연료로 쓰이는 우라늄 농축Weapons-Grade Uranium은 60퍼센트를 훨씬 넘어서 이미 완성 단계에 도달했다고 보도하였다. 더 구체적인 관련 근거로 고성능 원심분리기를 포함한 핵무기 실험에 사용되는 다양한 장비를 2022년에 유럽에서 조달 완료했으며 특히 네덜란드 정보부 AVID는 "이란의 첫 번째 핵무기 실험이 임박했다"라고 분석했다.

핵무기 실험 전 공정에 필요한 기술과 장비는 '국제 핵 비확산nonproliferation' 조약에 의해서 통제되고 있는데, 이란은 산업 스파이를 동원해서 제재망을 회피하며 이미 필요한 전략물자를 모두 확보했다는 것이 유럽 정보 당국의 공통된 견해였다.

우선 스웨덴 보안국은 2023년 연례 보고서에 "이란은 주로 스웨덴 첨단산업과 핵무기 프로그램에 사용될 수 있는 스웨덴 제품을 겨냥한 산업 스파이 활동에 가담하고 있다"고

적었다.

독일 연방헌법보호청BfV 또한 보고서에서 "헌법 보호 당국은 2022년에 이란이 핵 프로그램을 위해 확산 관련 조달을 시도했다는 징후를 많이 발견했다"라고 밝혔다. 여기서 '확산'이라는 말은 '대량 살상 무기, 그 운반 시스템, 기타 무기 또는 새로운 무기 시스템의 요소를 생산하기 위한 제품과 지식을 조달하는 것을 포함하는 외국과 거래'를 의미한다.

〈예루살렘 포스트〉는 덴마크 안보 정보국PET의 2023년 보고서를 찾아냈는데, 이 보고서에는 "이란의 핵 및 미사일 프로그램, 인권 침해, 러시아에 무기 판매 등으로 인해 이란에 국제 제재가 가해졌다. 덴마크 안보 정보국은 이란 행위자들이 이란의 무기 생산 또는 군사 프로그램에 사용될 수 있는 제3국을 통한 덴마크 제품과 기술을 조달하려고 시도함으로써 제재를 우회하려 한다고 평가한다"고 적혀 있었다고 보도했다.

이스라엘 방위군에서 이란 핵 프로그램 분석의 권위자인 요시 쿠페르와세르Yossi Kuperwasser 박사도 이란이 핵 개발 완성을 향한 마지막 목적지까지의 시간을 단축하기 위해 유럽에서 불법적으로 전략물자를 획득한 정황이 여러 곳에서 포착되었다고 지적했다. 이어서 그는 "특히 유럽과 미국의 느

슨한 대이란 경제 제재를 틈타 이미 핵 개발 부품 및 기술 조달을 완성한 상태"라고 진단했다. 즉 이란이 제시한 우라늄 농축 희석 및 속도 감축은 무의미하다는 이야기다.

이란은 이미 핵무기를 생산할 능력을 갖추고 있다고 증언하는 에마드 압세나스

사우디아라비아의 〈아샤르크〉 뉴스에 출연한 이란 전문가 에마드 압세나스Emad Abshenas는 "이란은 이미 10~15개의 핵무기를 생산할 농축 우라늄을 확보하고 있으며 핵 합의 전이라도 최대 20개의 핵무기를 개발할 수 있는 기술과 물자를 확보했다"고 단언하며 "지금 당장이라도 15개의 핵무기를 생산할 수 있는 인프라를 이미 갖췄다"고 진단했다.

현재 이란은 당장 핵무기 개발보다는 미국의 대이란 경제 제재 완화 카드로 핵을 활용하고 있다고 분석했다. 실질적인 핵 인질 게임이 현실화되고 있다는 것이 핵 안보 전문가들의 공통 견해다.

그렇다면 이란은 핵에너지에 얼마나 가깝게 다가간 것일까? 이 질문에 대한 답은 다음 두 사람의 말에 담겨 있다.

요시 쿠페르와세르 박사는 "이 보고서는 유럽에서 이란의 노력 일부만을 폭로하고 있으며, 그러한 노력 대부분이 비밀리에 남아 있다고 가정하는 것이 현명할 것이다. 유럽과 미국의 이란에 대한 행동이 수동적이고 위협적이지 않기 때문에 서방의 정책을 약함의 신호로 해석할 가능성이 높다"고 했다.

중동미디어연구소MEMRI의 이란 미디어 프로젝트 책임자 아예렛 사비온Ayelet Savyon은 "이란은 지금까지 핵무기 제조 노력에서 어떤 식으로도 물러서지 않았고, 기술 역량을 발전시키기 위해 모든 기회를 잡아 왔다. 이것이 현실이다"라고 했다.

이란은 국제 사회에 그들의 진짜 의도를 드러내지 않고 거짓말하는 동시에 미국을 앞세워 합법적인 핵 지위 획득을 위해 끊임없이 시도하고 있다.

27

이제
이스라엘과 이란의
전면전인가?

많은 사람이 가장 크게 염려하는 일이 발생했다. 2024년 4월 13일 밤 10시 30분에 이스라엘 사람들의 휴대전화에서 적색경보, 비상사태를 뜻하는 레드 앨러트Red Alert에 알람이 쏟아지기 시작했다. 하마스, 헤즈볼라, 후티 반군이 이스라엘을 향해 미사일과 로켓을 발사했을 때 낙하 예상 지역을 알려 주는 대피 알람이었다.

이스라엘 사람들은 이 알람 소리에 대부분 익숙하지만, 이번에는 휴대전화가 고장 난 게 아닌가 싶을 정도로 짧은 시간에 수백 번의 알람이 울렸다. 그뿐

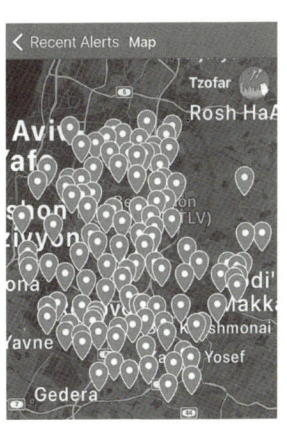

미사일 낙하 예상 지역 알람 어플의 표시

만 아니라 보통의 경우 가자 지구의 하마스가 로켓을 발사하면 예상 낙하지점이 가자 지구 바로 옆 이스라엘 영토 개활지이거나 또는 북쪽의 헤즈볼라가 미사일을 발사하고 드론을 날리면 골란고원 북쪽 지역이 예상 낙하지점으로 표시되는데 이번에는 놀랍게도 이스라엘 중부 내륙의 사해 주변과 브엘세바 주변으로 낙하지점을 알리는 지역이 붉은색으로 물들었다.

이것은 하마스의 로켓이나 헤즈볼라 또는 후티 반군이 발사한 것이 아니었다. 그렇다면 도대체 어떤 세력이 동시에 수백 개의 미사일을 이스라엘로 발사한 것일까?

사해에서 건져올린 이란 발 미사일 잔해

드디어 이란이 이스라엘을 향해 드론 170기, 탄도 미사일 120기, 순항 미사일 30기, 모두 320여 기를 날려 보내며 이스라엘 본토를 향해 직접적인 공격을 한 것이다.

이란이 발사한 탄도 미사일 450발 중에서 50퍼센트는 실패했고 120기만 이스라엘 영토로 날아왔고 전부 공중에서 요격되었다.

이스라엘에 큰 피해는 없었지만 1948년 이스라엘이 건국한 이래 처음으로 그리고 1979년 이란이 이슬람 공화국으로 재탄생한 이후 이스라엘 본토를 직접 공격했다는 점에서 이스라엘 국민이 받은 충격은 매우 컸다. 물론 이란은 그동안 이스라엘을 향해 적대적인 감정을 표출하거나 없애버리겠다는 식의 노골적인 표현을 한 적은 많이 있었다. 그리고 하마스나 헤즈볼라, 후티 반군 같은 대리 세력을 통해 이스라엘을 공격한 적은 수 없이 많았지만, 이란이 이스라엘을 직접 공격한 적은 한 번도 없었다. 그렇다면 이란은 오랜 불문율 같은 이스라엘을 향해 직접 공격을 시도한 이유는 무엇일까? 이란의 이스라엘 본토 공격 13일 전인 4월 1일에 이스라엘은 시리아의 다마스쿠스에 있는 이란 영사관

모하마드 레자 자헤디

건물을 폭격했는데 이때 이란 혁명수비대 고위 간부 8명이 사망했다. 그중에는 모하마드 레자 자헤디Mohammad Reza Zahedi라는 인물도 있었다.

모하마드 레자 자헤디는 여든의 고령으로 이란 혁명수비대의 정예 부대 쿠드스군 최고 사령관이었다. 그동안 시리아, 레바논에서 헤즈볼라와의 관계를 담당했고 이 지역 이란군 중에서는 최고 지위에 있는 인물이었다.

모하마드 레자 자헤디가 사망한 시리아 다마스쿠스의 이란 영사관 건물

그렇다면 왜 이스라엘은 시리아에 있는 이란 영사관을 공격했고, 여든의 노인을 죽일 수밖에 없었을까? 이스라엘 측

의 발표에 의하면 이란 영사관을 공격한 것이 아니고 이란 영사관 건물 바로 옆에 있는 이란의 군사시설을 공격했는데 그곳은 이란의 군사령관들이 모여서 비밀회의를 하는 장소였다고 한다.

이스라엘 정보국은 4월 1일 바로 그 자리에서 '작전 병참 및 조정'을 논의하기 위해 이란 혁명수비대의 고위 사령관 모하마드 레자 자헤디가 참석한다는 첩보를 입수했다. 그는 2023년 10월 7일, 하마스가 이스라엘을 기습 공격한 그 작전의 실제적인 설계자이자 지휘관으로 알려졌다. 이스라엘은 이 인물을 언젠가 반드시 제거하고 싶었다. 그런데 마침내 그가 나타난 것이다. 그래서 시리아 다마스쿠스에 있는 이란 군사시설 공격을 감행한 것이다.

쿠드스군의 최고 사령관을 잃은 이란은 그냥 넘어갈 수 있는 일이 아니었다. 당시 이란은 내부적으로 국민 여론이 매우 심각한 상황이었다. 2022년 9월에 히잡을 쓰지 않았다는 이유로 대낮에 경찰이 강제로 체포한 마흐사 아미니가 사흘 뒤 의문사했고, 이 사건을 계기로 전국에서 반정부 시위가 벌어지고 있었다. 그리고 국제 사회로부터 받는 각종 제재 때문에 경제는 말할 수 없을 만큼 추락해 있었다.

그런데도 이란 정부는 국내 문제는 해결할 생각은 하지

않고 하마스와 헤즈볼라에 경제적 지원을 하고 있었다. 이로 인한 국민의 불만이 이만저만이 아니었는데 이런 상황에서 여든의 최고 사령관까지 잃은 것이다.

국격이 땅에 떨어지고, 자존심이 왕창 무너졌다라고 생각한 이란으로서는 도저히 가만있을 수 없었다. 이때 이란이 선택할 수 있는 카드는 오직 하나뿐, 바로 이스라엘 공격이다. 이 카드는 이란으로서는 선뜻 내밀기 어려운 것이었고 한번 던지면 다시 주워 담을 수 없다는 것을 잘 알았다. 하지만 이는 주변국들의 예상이었을 뿐, 이란 내부의 어떤 움직임을 미국에서 감지한 듯했다.

조 바이든 대통령은 이란의 이스라엘 공격 하루 전날, 백악관에서 기자들과 만난 자리에서 이스라엘에 대한 이란의 공격이 얼마나 임박했느냐는 질문에 "내 예상에는 조만간 Sooner than later"이라고 말했다. 그러면서 "미국은 이미 이스라엘의 방어를 약속했기 때문에 이스라엘을 도울 것이다. 그러니 이란이 이스라엘 공격을 준비하고 있다면 하지 마라"고 분명히 말했다.

이에 앞서 존 커비 백악관 국가안보회의 보좌관도 이란의 상황을 매우 긴밀히 주시하고 있다고 강조했다. 다시 말해 미국은 이란의 움직임을 알고 있었고 또 미국이 알 정도라면 이스라엘도 당연히 알고 있었을 것이다. 하지만 미국의 경고에도 불구하고 이란은 이스라엘 직접 공격을 감행하고 말았다.

　4월 13일 저녁, 이란은 드론 170기, 순항 미사일 30기, 탄도 미사일 120기 총 320여 발의 발사체를 이스라엘을 향해 발사하는 초유의 사태가 벌어졌다. 이스라엘 전 국민의 휴대전화에는 긴급 대피를 알리는 경고음이 거의 5시간 동안 끊이지 않고 울리기 시작했다. 이 알람은 그야말로 지옥의 문이 열리는 공포의 소리였고 이스라엘의 온 땅과 하늘을 뒤덮었다.

　1979년 이란에서 일어난 이슬람 혁명으로 이슬람 공화국이 세워지면서 이스라엘 국가를 지구상에서 사라지게 해야 한다는 지상 과제를 선포한 이후 드디어 첫 미사일이 이스라엘을 향해 날아오는 상황, 그 미사일 탄두에 핵이 장착되어 있는지 안 되어 있는지는 모르지만, 어쨌든 이란은 45년 동안 키워왔던 숙원 사업의 첫 테이프를 끊는 순간이었다.

　이란에서 발사되어 이스라엘까지 약 1,500킬로미터를 드론이 날아오는 데는 약 2시간, 미사일은 약 12분 정도밖에 걸리지 않을 만큼 멀고도 짧은 거리였다. 드디어 14일 오전 1시 42분경부터 이스라엘의 영공으로 미사일이 들어오기 시작했지만, 만반의 준비를 하고 있었던 이스라엘의 방어 시스템이 작동하기 시작했다.

최대 거리 90~148킬로미터에 고도 50킬로미터의 미사일도 요격할 수 있는 애로우Arrow 지대공 미사일과 최소 70킬로미터 최대 250킬로미터까지의 사거리를 최대 300킬로미터의 거리에서도 요격할 수 있는 다윗의 물맷돌이라고 불리는 데이비드 슬링David's Sling 등 중장거리 방어 시스템이 총동원되어 이란에서 날아온 미사일과 드론이 하나둘씩 캄캄한 하늘에서 불꽃을 뿜어내며 요격되기 시작했다.

이스라엘의 방어 시스템은 제대로 작동했다. 마치 컴퓨터 게임에서 기관총으로 하늘의 전투기를 쏘아 떨어뜨리는 것처럼 밤하늘에 긴 화염을 내뿜으며 날아오는 미사일을 향해 지대공 미사일이 날아가 정확히 단 한 발도 놓치지 않고 요격하는 장면은 눈으로 직접 보기 전에는 도저히 믿어지지 않는 현실이었다.

그렇게 5시간 동안 이스라엘을 향해 날아오던 미사일과 드론 중에 99퍼센트가 공중에서 요격되었고 오직 다섯 발의 탄도 미사일만 이스라엘의 방공망을 뚫었는데 그중에 네 발은 네게브 사막 지역에 있는 공군 기지에, 나머지 한 발은 개활지에 떨어졌다.

전 세계는 이란이 이스라엘을 공격했다는 것에 놀랐지만,

* 이란의 이스라엘 공습을 알리는 인도 뉴스
* 이란의 이스라엘 공습을 알리는 알자지라 방송

그 많은 미사일과 드론이 땅에 떨어지기 전에 하늘에서 99퍼센트 요격했다는 사실에 더 놀랐다.

이란의 공격과 동시에 북쪽의 헤즈볼라도 이스라엘을 향해 로켓을 쏘아대기 시작했고, 아라비아반도 남쪽 끝에 있는 후티 반군도 이스라엘 남부 지역을 향해 미사일을 발사하기 시작했지만, 그들의 공격도 별로 효과적이지 못했다.

물론 이스라엘만 그들의 공격을 방어한 것이 아니라 이란의 공격을 파악한 미국, 영국, 프랑스 등 동맹국도 이란의 발사체가 이스라엘 영공에 들어오기 전에 공중 요격에 성공하면서 큰 도움을 주었다. 특히 미군은 군함과 전투기 패트리엇 방공망을 동원해서 드론 70여 대와 탄도 미사일 여섯 발을 요격했다.

이처럼 이스라엘이 큰 피해를 본 것은 없었지만 문제는 과연 이스라엘이 이란에 대한 보복 공격을 할 것인가 말 것인가이다. 당연히 미국을 비롯한 국제 사회는 이스라엘을 향해 보복 공격하지 말고 일단 침착하게 대응할 것을 요구했다.

이란은 성공하지 못할 줄 알면서도 5시간 동안 미사일과 드론을 날려 보냈다. 그 정도 선에서 멈추긴 했지만 언제든 이란의 공격은 다시 이어질 수도 있는 상황이다. 그리고 이란은 미사일에 핵을 실어 발사할 수도 있지 않은가.

그렇기 때문에 이스라엘은 가만히 있을 수 없을 것이다. 그동안 이스라엘은 자국의 위험이 감지될 때는 언제든지 선제공격도 감행할 수 있다고 수없이 큰소리쳤기 때문이다. 더구나 이제 이란은 핵을 손에 쥐었으니 두려울 것도 거칠 것도 없었다. 하늘을 찌를 듯한 자신감으로 충만해졌으며 그 자신감을 바탕으로 잘못된 판단과 행동을 감행할 수도 있다.

이런 상황에서 이스라엘이 이란에 보복 공격을 감행하면 이란은 또다시 이스라엘을 공격할 것이고, 그렇게 이스라엘과 이란 사이에 미사일이 오가다가 결국 어느 한쪽에서 핵미사일 발사 버튼을 누르면 그때는 정말 최악의 제3차 세계 대전으로 이어질 수도 있을 것이다. 그러니 화들짝 놀란 국제 사회는 이란을 비난하기보다는 이스라엘에 진정해 달라고 매달리는 형국이었다.

이스라엘의 인내는 오래 가지 않았다. 단 6일뿐이었다. 4월 19일, 이스라엘은 이란 본토에 대한 보복 공격을 감행했다. 이스라엘은 이란처럼 수백 대의 미사일을 쏘아댄 것이 아니라 단 세 발의 공대지 미사일만 발사했다. 이란의 공격 방식과는 달리 이스라엘은 중요한 핵심 시설을 정밀 타격하는 방식을 선택했다.

이란도 이스라엘의 보복 공격을 충분히 예상하고 모든 방공망을 가동했을 것이다. 그러나 이스라엘의 미사일은 정확히 방공망을 뚫고 들어갔다. 더구나 이란의 방공망 시스템은 러시아가 구축해 놓은 것이다.

이스라엘이 이란을 향해 발사한 미사일은 상대국의 통신 및 지휘 센터, 공군기지, 유지보수 센터 등 주요 기반을 공격할 목적으로 2018년에 개발 완성한 램페이지Rampage 공대지 미사일이었다. 램페이지 미사일은 한 발의 무게가 566킬로그램이나 될 정도로 무겁기는 하지만 전투기에 실린 상태에서 시속 2,000킬로미터의 속도로 305킬로미터나 날아갈 수 있는 초음속 미사일이다.

이스라엘이 이란을 공격하기에 앞서 이란의 나탄즈에 있는 핵 시설은 공격하지 않겠다는 내용의 합의를 이미 미국에 전달했다는 보도가 나왔다.

실제로 이스라엘은 나탄즈의 핵 시설은 공격하지 않았지만, 나탄즈 핵 시설과 인접한 이스파한 지역 군사 시설만 정밀하게 공격해서 파괴했다. 이곳은 핵 시설을 방어하는 레이더 시스템이 있는 곳으로 더 이상 핵 시설을 방어할 수 없도록 눈을 없애버린 것과 마찬가지였다. 또 한 발은 이스파한의 북동쪽으로 약 20킬로미터, 나탄즈 핵 시설에서 남쪽으로 150킬로미터 떨어진 제8세카리 공군 기지 방공망 시스템의 중앙 부분을 공격했고, 나머지 한 발은 이 공군 기지 내 러시아산 S-300 대공 시스템의 사격 통제 레이더를 파괴했다.

이란은 이에 대해서 큰 피해를 본 것은 없다고 했지만, 캐나다의 민간 위성업체 스카이 워치가 4월 20일에 촬영한 사진을 보면 이란의 발표와는 다르게 핵 시설이 크게 파괴된 것을 확인할 수 있었다.

단 세 발의 미사일로 적의 중요한 시설들만 골라 정밀 타격하는 제한적인 보복을 한 것이다. 이스라엘의 군사력은 이란에 비해 훨씬 우위에 있다는 것이 확인되는 순간이었다. 이스라엘은 언제든지 마음만 먹으면 이란을 공격할 수 있다는 것을 확실하게 보여 준 것이다. 일단 이스라엘의 보복 공습은 이것으로 멈추었다. 그렇다면 이제 또다시 이란의 반격으로 이어질 것인가? 아니면 이대로 상황 종료가 되는 것일까?

일단은 각각 한 차례씩의 공습만 주고 받는 것으로 공격이 멈추기는 했지만, 그렇다고 해서 지난 45년 간의 갈등이 모두 정리되는 상황 종료는 절대 아니다. 이스라엘과 이란의 갈등은 갈수록 깊어질 수밖에 없다. 절대로 화해와 용서는 있을 수 없기 때문이다. 단지 지금은 언제든지 터질 수 있는 폭탄 덩어리를 아주 얇은 비닐 천막으로 살짝 가린 정도에 불과하다.

이란은 그 이후에도 호르무즈Hormuz 해협을 봉쇄하겠다고 으름장을 놓고 있다. 호르무즈 해협은 이란과 두바이 사이에 있는 해상 길목으로 폭이 36~90킬로미터다. 이곳을 봉쇄한다는 것은 페르시아만으로 들어가는 모든 배를 통제하겠다는 것이다.

페르시아만은 전 세계 원유의 삼분의 이, 천연가스 삼분의 일이 매장되어 있는 곳이다. 그래서 사우디아라비아, 쿠웨이트, 이라크, 바레인, 아랍 에미리트 등 최대 산유국들의 생명줄을 묶어 놓겠다는 것이다.

만약 그렇게 된다면 한국, 중국, 일본이 제일 심각하게 타격을 입겠지만, 이 일도 쉽게 일어날 수 없을 것이다. 호르무즈 해협 근처에는 미국의 항모전단이 배치되어 있고 이란이 호르무즈 해협 봉쇄라는 카드를 내민다면 미 항공모함에서 전투기가 출격하게 될 것이다,

만약 이런 상황이 발생한다면 기름값이 오르고 달러 가치는 상승하며 주식시장이 출렁이면서 증시는 폭락하기 시작할 것이다. 이란이 이스라엘을 공격했을 때보다 이스라엘이 이란을 공격했을 때 증시가 더 폭락했었다.

1979년 이슬람 혁명 이후부터 쌓아 올린 이스라엘을 향한 이란의 공격의 의지, 곧 이슬람 시아파의 종말론적 사상을

바탕으로 한 것이기 때문에 어떤 협상도 양보도 타협할 수도 없는 절체절명의 숙명적 사명이나 다름없고 이란도 피할 수 없는 일이다. 그러므로 아무리 전 세계 국가들이 이란에 대해 억압과 제재를 하고 설득해도 통하지 않는다.

이를 위해 이란은 전 세계 수많은 국가로부터 비난과 각종 억압과 제재를 받으면서도 핵을 개발했고 모든 준비를 마쳤기 때문이다. 다만 방아쇠를 언제 당기느냐, 핵 버튼을 언제 누르느냐 시기의 문제일 뿐이다.

2024년 4월 14일 이란의 선제공격, 4월 19일 이스라엘의 보복 공격, 이는 본격적인 화산 폭발을 앞둔 작은 전조 증상에 불과하다.

김종철 감독의 이스라엘 바로 알기 시리즈 4
이스라엘과 이란 어쩌다 원수가 되었나?

초판 발행 2024년 11월 26일
1판 1쇄 2024년 12월 11일

지은이 김종철

발행인 이금선
발행처 브래드북스
편집 조은해, 김보령
디자인 김다은

출판등록 2011년 5월 13일 (신고번호 제2011-000085호)
주소 경기도 고양시 일산동구 백마로 502번길 116-18 브래드TV
전화 031-926-2722
홈페이지 www.bradtv.net
이메일 bradfilm123@gmail.com

ISBN 979-11-989735-0-4(03230)

이 책의 저작권은 저자에게 있으며 판권은 브래드북스에 있습니다.
이 책은 저작권법에 의해 보호받는 저작물이므로 무단 전재와 무단 복제를 금합니다.